ILAN PAPPE
DEZ MITOS SOBRE ISRAEL

ILAN PAPPE
DEZ MITOS SOBRE ISRAEL

**TRADUÇÃO
BRUNO COBALCHINI MATTOS**

Tabla.

Um arsenal de conhecimento e erudição:
breve nota à edição brasileira *por Arlene Clemesha* **7**

Prefácio **13**

Prefácio à edição brasileira **21**

PARTE I / AS FALÁCIAS DO PASSADO

1 A Palestina era uma terra vazia **33**
2 Os judeus eram um povo sem terra **45**
3 Sionismo é judaísmo **63**
4 Sionismo não é colonialismo **91**
5 Os palestinos deixaram sua pátria voluntariamente em 1948 **105**
6 A Guerra de Junho de 1967 foi uma guerra "sem escolha" **131**

PARTE II / AS FALÁCIAS DO PRESENTE

7 Israel é a única democracia do Oriente Médio **155**
8 As mitologias de Oslo **175**
9 As mitologias de Gaza **195**

PARTE III / OLHANDO PARA O FUTURO

10 A solução de dois Estados é o único caminho a seguir **237**

CONCLUSÃO

O Estado israelense de colonização de povoamento no século XXI **245**

Linha do tempo **249**

Um arsenal de conhecimento: breve nota à edição brasileira

por Arlene Clemesha

Foi com grande entusiasmo que recebi o convite da editora Tabla para colaborar na revisão terminológica da tradução de *Dez mitos sobre Israel* e apresentar o livro ao leitor brasileiro. Reconhecido mundialmente, Ilan Pappe é um dos mais importantes historiadores da questão israelo-palestina. O autor — que foi aluno de Albert Hourani em Oxford —, com quem encontrei em duas ocasiões, é, além disso, uma pessoa de muita simpatia e enorme dedicação. Seus livros não são apenas rigorosamente elaborados, mas refletem um pesquisador que se entrega, vida e alma, ao esforço de intervir no conflito por meio do conhecimento. Dessa forma, contribuir com o esforço de entregar ao público um livro que faz a diferença é para mim uma satisfação.

O primeiro livro de Ilan Pappe a ganhar uma edição brasileira foi *A limpeza étnica da Palestina* (Sundermann, 2017). A obra é reflexo de um importante trabalho de arquivo e, segundo me relatou o próprio autor, seu livro primordial. Mas a escolha deste que agora a Tabla entrega ao público é muito oportuna. Aqui, ao contrário de em *A limpeza étnica*, encontramos Pappe em um de seus momentos mais soltos. A escrita é fluida, sem muitas citações, mas apresenta referência erudita e comentários a respeito de alguns dos títulos mais recentes e relevantes sobre a história da região e das questões tratadas aqui.

A estrutura do livro — que desconstrói capítulo a capítulo os mitos da história oficial israelense — não é original a não ser pela particular e atualizada seleção dos dez mitos a serem abordados e sua eficaz organização em três seções temporais, que ajudam o leitor a se orientar pelos assuntos.

O esforço de contraposição aos mitos é extremamente relevante e tem sido feito desde o início da guerra das narrativas, ainda nas décadas de 1950-60, quando, por exemplo, autores como Walid Khalidi provaram, através dos arquivos radiofônicos britânicos, que jamais houve um chamado das lideranças árabes para que a população saísse de suas casas e terras; ou como Salman Abu Sitta, que mapeou os 530 vilarejos varridos do mapa em 1947-48, e se dedica a demonstrar que há sim espaço para que os refugiados palestinos retornem às suas terras sem que seja preciso expulsar os judeus que hoje vivem na região.

Neste volume também chama a atenção o estilo, a profundidade da análise, o mergulho na história e a riqueza de informação. Ilan Pappe não se repete. Não encontramos aqui a detalhada e exaustiva explanação da Nakba feita em *A Limpeza étnica da Palestina*, nem a análise dos primórdios do nacionalismo palestino presente em seu livro *História da Palestina moderna* (publicado em Portugal), ou a visão da guerra de 1967 abordada na mesma obra.

Em certas passagens, a análise de Pappe consegue reverter completamente o senso comum sobre determinado episódio. Exemplo disso é a sua visão sobre o controverso mufti de Jerusalém, Hajj Amin al-Husayni. O autor dedica algumas páginas a este que foi a principal liderança palestina durante todo o mandato britânico, concluindo com genialidade que, se o líder palestino deve ser criticado, é antes pelo seu papel de representante das elites, que ignorou (eu diria, até mesmo, boicotou) as causas populares palestinas e o movimento dos camponeses e dos trabalhadores, do que por qualquer possível inclinação estratégica pró-Alemanha nazista que ele possa ter nutrido durante alguns anos da luta anticolonial contra nada menos que o Império Britânico.

Em todos os casos, *Dez mitos sobre Israel* representa um avanço, uma atualização à luz da historiografia mais recente, ou simplesmente um novo enfoque, algo que faltava e que com certeza o autor decidiu que era chegado o momento de tratar.

A recepção deste livro no Brasil não será a mesma da Inglaterra, onde Ilan Pappe reside desde que deixou sua cidade natal, Haifa, ou dos EUA, onde a batalha das narrativas é também muito intensa. No Brasil, tem-se a nítida impressão de que partimos de um patamar de vantagem, já que nunca colonizamos as terras árabes e nunca tivemos pretensões imperialistas sobre a Palestina. Pelo contrário, sem generalizar, podemos dizer que boa parte da sociedade brasileira compartilha certa visão de periferia do mundo, de vidas exploradas, mal representadas, que nos permite uma ideia mais evidente da condição palestina e uma maior empatia. Ademais, o grau de conhecimento sobre a questão israelo-palestina cresceu muito desde os ataques às torres gêmeas. Foi o efeito reverso da subsequente campanha de difamação do "árabe e islâmico".

Ela despertou um maior interesse pelos povos árabes, por sua história, sua cultura e suas crenças, e pelo conflito palestino de que tanto se fala.

A sociedade brasileira, todos sabem, é composta por alguns milhões de descendentes de árabes, principalmente libaneses, sírios e egípcios, mas também palestinos.* Trata-se de uma população espalhada de norte a sul, leste a oeste, descendente de imigrantes que fugiam da miséria e de guerras e conflitos que irromperam no final do século XIX em um Império Otomano em franco declínio e decomposição. Jamais nutriram muitas esperanças de retornar à sua terra de origem, que guardaram na memória com nostalgia, que cultivaram dia a dia na culinária, mas cujo idioma tipicamente deixaram para trás, num claro indício de que a esperança era a de que seus filhos integrassem a nova nação. Foi o que aconteceu, esses árabes participaram da construção do país e são vistos como parte integral dele. Sem dúvida, esse é o segundo fator que coloca o Brasil em condições de melhor entender e de se aproximar do drama palestino, percebendo a grave injustiça que exige reparação.

Porém, nenhum dos fatores acima consegue impedir a presença de narrativas enviesadas na mídia, a aceitação pública de que canais de televisão e estações de rádio veiculem sem qualquer autocrítica os mesmos mitos analisados neste livro, ou a normalidade com que nossas instituições locais e nacionais fecham os olhos ao incessante avanço da ocupa-

---

* Segundo levantamento da Câmara de Comércio Árabe Brasileira (CCAB), em 2020 foram contabilizados 11,61 milhões de árabes e descendentes no Brasil, o que representa 6% da população do país, 45% da qual pertence às classes A e B.

ção da Palestina, incluindo a construção de novas colônias, demolição de mais casas, expulsões e "expropriações", leis racistas, prisões administrativas, tentativa de silenciamento da resistência, judaização de Jerusalém Oriental e de toda a Área C da Cisjordânia, enfim, a constante limpeza étnica e o roubo das terras e propriedades palestinas.

Portanto, ao mesmo tempo em que boa parte da opinião pública brasileira, camadas médias, populares e certas elites intelectualizadas, manifesta uma compreensão quase instintiva do sofrimento palestino, o mesmo não ocorre em relação às organizações da resistência palestina. A operação de demonização das chamadas "facções" (termo que em nossa língua remete a grupos criminosos), a apresentação do palestino como "terrorista", a equivalência gerada entre islamismo e, mais uma vez, "terrorismo", tudo isso se enraizou na opinião pública brasileira quase sem contestação. Ou seja, presenciamos aqui uma cisão entre "o palestino oprimido e vítima de um processo colonial" e "o combatente" que não recebe a mesma empatia, não merece o direito à resistência e se acredita que deveria abandonar as armas e aguardar que a justiça seja feita.

Dez mitos sobre Israel é, assim, um livro mais que necessário. Ele demonstra não apenas que o sistema israelense é colonial e usurpador, mas também que o palestino deveria ver garantido o seu legítimo direito à resistência e à luta de libertação nacional. E, por fim, explica a responsabilidade que o "processo de paz" de Oslo tem no fomento dessa criminalização da resistência palestina.

Hoje, em 2022, com o atual governo, a política externa brasileira para a Palestina se inclina a favor do colonialismo e da usurpação das terras palestinas pelo governo israelense. Estamos passando da tradicional postura de "equidistância" e amizade tanto com Israel como com a Palestina (ocupada, dominada, sem fronteiras, autonomia ou exército nacional) para um apoio incondicional ao sionismo, que não se explica apenas pela influência evangélica crescente no meio político.

Setor este que não é homogêneo, mas sim um segmento em disputa, no qual, felizmente, inexiste o sentimento de identificação do protestante e evangélico norte-americano com o colono desbravador que conquista a terra dos nativos, pelas próprias mãos.

Ou seja, se há hoje no Brasil uma multiplicidade de conhecimentos muito maior do que havia vinte anos atrás e uma vontade crescente por parte da população de se informar, há também uma disputa que se reproduz dia a dia, em cada noticiário, cada sala de aula, cada culto, cada sessão plenária da câmara de deputados. Acredito que o público brasileiro irá absorver este livro com a sede que o momento incita e que este volume irá contribuir para que o processo de rápida conscientização que ocorre no Brasil seja feito em condições mais bem informadas e disponha de maiores recursos, elevando assim o nível do debate público.

Em suma, com este livro, Ilan Pappe nos entrega um arsenal de conhecimento, de extrema qualidade, que colabora para o esforço de desconstrução das falsificações que fornecem sustentação à opressão israelense do povo palestino, servindo assim a todos aqueles que de alguma forma se inserem no debate sobre a questão israelo-palestina.

Prefácio

A história está no centro de todos os conflitos. Uma compreensão verdadeira e não tendenciosa do passado oferece a possibilidade de paz. A distorção ou manipulação da história, ao contrário, apenas semeia o desastre. Como mostra o exemplo do conflito Israel-Palestina, a desinformação histórica, mesmo em relação ao passado mais recente, pode causar danos tremendos. Essa compreensão propositalmente errônea pode incentivar a opressão e tutelar um regime de colonização e ocupação. Não surpreende, portanto, que políticas de desinformação e distorção sigam em curso nos tempos de hoje e desempenhem um papel importante na perpetuação do conflito, restando pouca esperança para o futuro.

Falácias construídas sobre o passado e o presente em Israel e na Palestina nos impedem de entender as origens do conflito. Enquanto isso, a manipulação constante de fatos relevantes trabalha contra os interesses de todos aqueles vitimados pelo derramamento de sangue e pela violência incessantes na região. O que se deve fazer?

O relato histórico sionista de como as terras em disputa se tornaram o Estado de Israel baseia-se em um conjunto de mitos que, sutilmente, põe em questão o direito moral dos palestinos sobre a terra. Com frequência, a grande mídia e as elites políticas ocidentais encaram esse repertório de mitos como verdade consolidada, e também como justificativa para as ações perpetuadas por Israel ao longo dos últimos sessenta anos, mais ou menos. Na maior parte do tempo, a aceitação tácita desses mitos explica a predisposição dos governos ocidentais a não interferir de modo relevante em um conflito que perdura desde a fundação da nação.

Este livro desafia esses mitos, que surgem na esfera pública como verdades inquestionáveis. Ao meu ver, são distorções e falácias que podem — e devem — ser refutadas a partir de uma análise mais cuidadosa dos registros históricos. O fio condutor que perpassa este livro é a justaposição do senso comum e da realidade histórica. Ao colocar, lado a lado, mito e verdade, os próximos capítulos expõem as fraquezas dos lugares-comuns por meio do escrutínio das pesquisas históricas mais recentes.

O livro aborda dez mitos — ou conjuntos de mitos — fundacionais bastante comuns e familiares a qualquer pessoa engajada, em alguma medida, com a questão Israel-Palestina. Os mitos e contra-argumentos seguem a ordem cronológica.

O primeiro capítulo mapeia a Palestina às vésperas da chegada do sionismo no final do século XIX. O mito em questão retrata a Palestina como um território vazio, árido, quase desértico, que só foi cultivado após a chegada dos sionistas. O contra-argumento revela uma próspera sociedade preexistente, que passava por processos acelerados de modernização e nacionalização.

O mito da Palestina como terra sem povo tem seu correlato no famoso mito do povo sem terra, tema do segundo capítulo. Será que os judeus eram mesmo os habitantes originais da Palestina e, portanto, mereceriam todo e qualquer tipo de apoio em seu "retorno" à "pátria"? O mito insiste que os judeus que chegaram em 1882 eram descendentes daqueles expulsos pelos romanos por volta do ano 70. O contra-

-argumento questiona essa conexão genealógica. Um esforço acadêmico bastante robusto demonstrou que os judeus da Palestina romana permaneceram na terra e foram convertidos primeiro ao cristianismo, depois ao Islã. Quem eram esses judeus ainda é uma questão em aberto — talvez os cazares convertidos ao judaísmo no século IX; ou talvez a mistura de raças ao longo de um milênio inviabilize qualquer resposta para tal pergunta. Mais relevante é o meu argumento neste capítulo de que, durante o período pré-sionista, as comunidades judaicas do mundo mantinham com a Palestina uma conexão religiosa e espiritual, mas não política. Antes da emergência do sionismo, a associação entre o retorno dos judeus e a construção de um Estado era um projeto cristão (até o século XVI) e, mais tarde, especificamente protestante (anglicano, para sermos precisos).

O capítulo 3 examina com atenção o mito que iguala sionismo e judaísmo (de modo que o antissionismo só pode ser retratado como antissemitismo). Tento refutar essa equação através de uma avaliação histórica da postura judaica em relação ao sionismo e de uma análise de como este teria manipulado o judaísmo por razões coloniais e, mais tarde, estratégicas.

O quarto capítulo trata da alegação de que não existe relação entre o colonialismo e o sionismo. O mito é que o sionismo seria um movimento liberal de libertação nacional, enquanto o contra-argumento o encara como um projeto colonialista — na verdade, colonialista de povoamento — semelhante àqueles vistos na África do Sul, nas Américas e na Oceania. Tal refutação é importante porque esse mito impacta o modo como pensamos a resistência palestina ao sionismo e mais tarde a Israel. Se Israel fosse apenas uma democracia que busca se defender, organizações palestinas como a Organização para a Libertação da Palestina (OLP) seriam meras expressões do terrorismo. No entanto, se essas organizações lutam contra um projeto colonialista, isto é, são integrantes de um movimento anticolonial, a sua imagem internacional será muito diferente daquela que Israel e seus apoiadores tentam impor à opinião pública internacional.

O capítulo 5 explora as mitologias bem conhecidas de 1948, e tem o objetivo particular de lembrar aos leitores o porquê de a historiografia profissional ter conseguido desmascarar a alegação de uma retirada palestina voluntária. Também discuto neste capítulo outros mitos associados aos acontecimentos de 1948.

O último capítulo histórico, o sexto, questiona se a guerra de 1967 foi imposta a Israel; sendo portanto, uma guerra "sem escolha". Afirmo que o conflito era parte do desejo israelense de concluir a tomada da Palestina, já quase encerrada durante a guerra de 1948. Os planos de ocupar a Cisjordânia e a Faixa de Gaza começaram neste ano, e perduraram até que surgisse a oportunidade histórica oferecida pela imprudente decisão egípcia em junho de 1967. Também argumento que as políticas israelenses estabelecidas imediatamente após a ocupação provam que Israel não foi surpreendida pela guerra, mas, ao contrário, contava com ela.

O sétimo capítulo nos traz ao presente[*]. Israel é um Estado democrático, pergunto, ou uma entidade não democrática? Defendo a segunda hipótese após analisar a situação dos palestinos que vivem em Israel ou nos territórios ocupa-

---

[*] O presente aqui se refere a 2017, ano de publicação da primeira edição inglesa da obra. (N. E.)

dos (somados, eles representam quase a metade da população governada por Israel).

O capítulo 8 aborda o processo de Oslo. Após quase um quarto de século desde a assinatura do acordo, temos uma boa perspectiva das falácias ligadas a esse processo e podemos indagar se ele foi um acordo de paz que fracassou ou um estratagema israelense bem-sucedido para aprofundar a ocupação.

Uma perspectiva similar pode ser aplicada, hoje, à Faixa de Gaza, e ao mito ainda amplamente aceito de que o sofrimento de quem vive neste território se deve à natureza terrorista do Hamas. No nono capítulo, opto por uma leitura destoante e apresento outra interpretação sobre o que aconteceu em Gaza desde a última virada de século.

Por fim, no décimo e último capítulo, desafio o mito segundo o qual a solução de dois Estados seria o único caminho a seguir. Fomos agraciados com trabalhos excelentes de ativistas e acadêmicos que criticam esta fórmula e oferecem soluções alternativas. Eles constituem uma contestação excelente a este último mito.

Como apêndice, o livro ainda inclui uma linha do tempo, que pretende ajudar os leitores a contextualizar os argumentos apresentados ao longo dos dez capítulos.

Nutro a esperança de que o leitor — seja ele um novato no assunto ou um estudioso veterano — encontre neste livro uma ferramenta útil. A obra se dirige sobretudo àqueles que participam dos debates sempre em voga acerca da questão Israel-Palestina. Este não é um livro imparcial, mas uma nova tentativa de restaurar o equilíbrio de poder em favor dos palestinos colonizados, ocupados e oprimidos que vivem nas terras de Israel e da Palestina. Seria um grande bônus se os defensores do sionismo ou os apoiadores leais de Israel também estivessem dispostos a participar das discussões aqui colocadas. Afinal, o livro foi escrito por um judeu israelense que se preocupa tanto com a sua própria sociedade quanto com a palestina. Refutar os mitos que amparam as injustiças deveria ser do interesse de todos os que vivem ou gostariam de viver no país. Essa atitude seria a base para que todos os habitantes pudessem desfrutar das grandes conquistas às quais hoje apenas alguns grupos privilegiados têm acesso.

Também tenho a esperança de que este livro se mostre útil para ativistas que consideram o conhecimento referente à Palestina tão necessário quanto o comprometimento à causa. Não se trata de uma tentativa de substituir o incrível trabalho realizado ao longo dos anos por muitos acadêmicos, cujas contribuições tornaram possível um escrito como este, mas de uma porta de entrada para esse mundo de conhecimentos.

Estudantes e acadêmicos podem tirar proveito deste estudo se tiverem se curado da grande moléstia do mundo acadêmico de nossos tempos: a ideia de que o engajamento sabota a excelência de uma pesquisa acadêmica. Os melhores alunos de graduação e pós-graduação a quem tive o prazer de lecionar e orientar eram aqueles engajados. Este livro é apenas um modesto convite aos futuros acadêmicos para que deixem suas torres de marfim e se reconectem com as sociedades em prol das quais conduzem suas pesquisas — escrevam eles sobre aquecimento global, pobreza, ou a Palestina, todos deveriam vestir com orgulho a camisa de seu engajamento por baixo dos trajes acadêmicos. E se suas universidades ainda não estão prontas para isso, eles devem ser espertos o suficiente para jogar o jogo da "pesquisa acadêmica objetiva, não tendenciosa" sobre essas questões litigiosas, ao mesmo tempo que reconhecem de todo suas falsas premissas.

Para o público geral, este livro apresenta uma versão simplificada de um tema que pode muitas vezes parecer extremamente complicado (como de fato o são alguns de seus aspectos), mas que encontra fácil explicação e identificação na perspectiva universal da justiça e dos direitos humanos.

Por fim, minha esperança é que este livro possa esclarecer alguns dos equívocos profundos que residem no âmago do problema Israel-Palestina, no passado e no presente. Enquanto as distorções e os pressupostos herdados não forem questionados, eles continuarão a servir como um escudo de imunidade para o atual regime desumano imposto às terras palestinas. Ao examinarmos esses pressupostos à luz das pesquisas mais recentes, podemos ver quão distantes estão da verdade histórica e por que o estudo correto dos registros poderia impactar as chances de paz e reconciliação em Israel e na Palestina.

Ilan Pappe, 2017

Prefácio à edição brasileira

Desde que este livro foi escrito, em 2017, muitas coisas aconteceram em Israel e na Palestina. No entanto, de muitas maneiras, os desafios para manter os dez mitos de Israel vivos no exterior permaneceram os mesmos. Velhos e novos mercadores dessa mitologia entraram em cena e trabalharam juntos em uma nova estratégia para legitimar os mitos. A nova estratégia vigorou durante o mandato de Donald Trump, e veio à tona em seu famoso "acordo do século". Essa comercialização dos mitos foi menos sofisticada e muito mais nacionalista que as anteriores, e ignorou o lado palestino da história ainda mais que no passado.

O "acordo do século" de Donald Trump e as estratégias práticas e cotidianas de Benjamin Netanyahu representaram uma ameaça real para a existência da Palestina e dos palestinos. Tratou-se de um ataque coordenado, com potencial destrutivo equivalente ao da Nakba de 1948. Foi, em suma, uma tentativa de despolitizar a questão palestina e reapresentá-la como um problema econômico e humanitário, solucionável por meio do financiamento árabe e da bênção dos Estados Unidos.

Para compreender a magnitude e a gravidade dessa ameaça, é preciso examiná-la dentro de dois contextos gerais. O primeiro é histórico, e o outro, de natureza mais prescritiva, diz respeito ao futuro imediato.

Com o "acordo do século", os Estados Unidos afirmaram sua visão do sionismo como um movimento colonial legítimo que, no século XXI, ainda é motivado por uma lógica que Patrick Wolfe definiu muito bem como "a eliminação do nativo"*.

Historicamente, o acordo é o desdobramento de políticas anteriores de Israel e Estados Unidos em relação à questão palestina. Desde o início do assim chamado processo de paz, no final dos anos 1960, conformado como uma Pax Americana, os EUA se mostraram incapazes de atuar como um mediador honesto. Não obstante, cada um de seus governos e seus enviados se comprometeram — no papel — a seguir diretrizes baseadas nas leis internacionais, reconhecendo assim o caráter ilegal dos assentamentos e das tentativas de anexação de Israel, e condenaram publicamente as violações estruturais de direitos humanos nos territórios ocupados. Na prática, essas ressalvas jamais se traduziram em políticas concretas ou em algum tipo de pressão para que Israel modificasse sua conduta criminosa na região.

Essa posição ambivalente — que consiste em falar uma coisa e fazer outra — levou os Estados Unidos a defender publicamente a adoção de políticas para os territórios ocupados da Palestina ancoradas nas leis internacionais, ao mesmo tempo que garantiam imunidade — sobretudo pela inação — à crescente colonização israelense na Cisjordânia e na Faixa de Gaza (neste último caso, até a expulsão de 2006). Até o final do século passado, os principais partidos políticos em Israel seguiram uma abordagem semelhante e coordenaram minuciosamente suas políticas com as de Washington.

Desde o início deste século, em especial durante a era Netanyahu (iniciada com sua segunda eleição em 2009), o

---

*   Patrick Wolfe, "Settler Colonialism and the Elimination of the Native", *Journal of Genocide Studies*, 8, n°. 4 (2006), pp. 387–409.

abismo entre discurso e ação, tanto dos EUA como de Israel, praticamente desapareceu. Os dois governos passaram a defender publicamente suas ações concretas. O "acordo do século" sintetiza as políticas estadunidenses prévias, reapresentando-as como uma bênção oficial às ações unilaterais de Israel na Palestina histórica.

Entre as ações executadas pelos Estados Unidos na última década estão o reconhecimento de Jerusalém como capital de Israel e a transferência de sua embaixada de Tel-Aviv para Jerusalém Ocidental. A isso somou-se ainda o reconhecimento oficial da anexação por parte de Israel das Colinas de Golã e o reconhecimento público da legalidade dos assentamentos judeus na Cisjordânia. Com o "acordo do século", os Estados Unidos chancelam as futuras políticas israelenses para a Palestina histórica, cujo objetivo é traçar o mapa político definitivo do país por meio da coerção e da consolidação de fatos irreversíveis no território.

A solução proposta tem uma natureza bastante óbvia. Seus traços principais já haviam sido revelados pelas leis racistas e agressivas de Israel aprovadas a partir de 2010 no Knesset, que incluem a discriminação dos palestinos dos dois lados da linha verde em todos os âmbitos de suas vidas, desde oportunidades profissionais e de moradia até os direitos civis mais básicos (além das já existentes expropriações de terras, punições coletivas e restrições severas à movimentação, e a qualquer atividade humana corriqueira, na Cisjordânia e na Faixa de Gaza)[*]. A onda legislativa culminou na implemen-

---

[*] "The Occupation, Settlement-Supportive and Racist Laws of the 20th Knesset", Madar Center Special Reports, 2015–19, disponível em: <www.madarcenter.org/en/reports/special-reports/8144-the-occupation,-settlement-supportive-and-racist-laws-of-the-20th-knesset-7-may--2015-1-january-2019>.

tação da lei da nacionalidade israelense no verão de 2018*. Essa lei de apartheid deixou claro que apenas judeus podem ser reconhecidos enquanto grupo nacional com direito à autodeterminação dentro de Israel; além disso, outra cláusula oferece uma definição de "Israel" e estimula os futuros governos do país a prosseguir com a colonização judaica na Terra de Israel (ou seja, Israel e Cisjordânia). As divisas finais não são mencionadas na lei, pois se espera que o futuro Grande Israel inclua ainda parcelas da Cisjordânia — e não devem ser permitidas manifestações de nacionalismo palestino nesses territórios.

A lei rebaixou os cidadãos palestinos dentro de Israel (e qualquer pessoa que venha a ser absorvida por essa comunidade com a anexação de partes da Cisjordânia e da Grande Jerusalém) a um grupo com mera afinidade linguística, suprimindo sua condição de comunidade nacional (para sermos precisos, na língua da lei, "pessoas de idioma árabe", e promete que o idioma gozará de um "status especial" dentro do Estado de Israel).

Trata-se de uma lei fundamental; como Israel não possui constituição, ela ganha status constitucional. Como tal, ela legitima retrospectivamente políticas colonialistas e de apartheid, vislumbrando ao mesmo tempo um futuro para Israel enquanto Estado de apartheid oficial.

Amplos segmentos da sociedade civil global criticaram e condenaram essas ações. Em anos recentes, três processos distintos erodiram a imagem internacional de Israel. São eles: o surgimento do movimento "Boicote, Desinvestimento e Sanções" (BDS), a guinada à extrema-direita do sistema po-

---

* Ilan Pappe, "The Israeli Nationality Law: a Blueprint for a Twenty First Century Settler-Colonial State", *Journal of Holy Land and Palestine Studies*, 18/2 (outubro de 2019), pp. 179-91.

lítico israelense e a ascensão de uma nova geração de políticos pró-Palestina no Ocidente.

A reação oficial de Israel à mudança de opinião global foi atacar, já em 2016, a narrativa e a memória coletiva dos palestinos. As lideranças políticas e estratégicas de Israel encaram a historiografia e a memória histórica como ferramentas a serem utilizadas como armas para evitar uma corrosão ainda maior da já deteriorada imagem pública internacional do país. Trata-se de uma tentativa de administrar o novo cenário despolitizando a questão palestina, em grande parte como quis o governo dos EUA ao propor seu "acordo do século".

O ataque à narrativa se dá por meio do fechamento dos arquivos israelenses que abrigam documentos sobre a Nakba. Como relatado em uma matéria do *Haaretz*, em 2019, a restrição de acesso ao material de arquivo imposta por Israel integra uma operação oficial chefiada pelo Malmab (acrônimo hebraico para "diretor de segurança das instituições de defesa"), o departamento secreto de segurança do Ministério da Defesa israelense. O Malmab é uma agência clandestina de orçamento e atuação secretos, cuja existência foi revelada pela primeira vez pelo historiador israelense Avner Cohen, em um esforço de jogar luz sobre as políticas nucleares israelenses[*]. Ao longo da investigação, o *Haaretz* descobriu que Yehiel Horev, chefe do Malmab por duas décadas até 2007, havia iniciado a remoção de documentos dos arquivos quando ainda era líder do departamento secreto — uma

---

[*] O Malmab impediu Cohen de usar o material de pesquisa que havia recolhido sobre as políticas e o arsenal nucleares de Israel após classificá-lo como subversivo. Ver Avner Cohen, *The Worst-Kept Secret; Israel's Bargain with the Bomb*, Nova York: Columbia University Press, 2012; ver também John Cassidy, "What About Israel's Nukes?", *The New Yorker*, 5 de março de 2012.

prática adotada por seus sucessores até hoje. Em sua conversa com o jornal, Horev argumentou que o fechamento dos arquivos era justificável porque, caso fossem revelados, os documentos da Nakba poderiam — nas palavras do jornal — "gerar inquietação junto à população árabe do país"*.

Esse é um argumento ridículo, por dois motivos: primeiro, a minoria palestina em Israel, a quem os políticos israelenses se referem como "os árabes israelenses", trabalha de forma ativa e zelosa desde meados dos anos 1980 para conservar — e proteger — a memória da Nakba. A Associação para a Defesa dos Direitos dos Deslocados Internamente (ADRID, na sigla em inglês), que representa os refugiados palestinos dentro de Israel, foi responsável, ao lado de ativistas e acadêmicos palestinos da região, por manter o interesse público na narrativa dos palestinos acerca dos acontecimentos de 1948. Eles não precisaram de documentos israelenses para confirmar sua própria experiência de limpeza étnica. Em segundo lugar, como apontou o *Haaretz*, muitos dos documentos agora tornados secretos já haviam sido publicados, inclusive por alguns dos mais importantes historiadores israelenses. Horev estava seguro de que a incapacidade desses historiadores de verificar novamente os documentos iria "sabotar a credibilidade desses estudos [críticos] sobre a história do problema dos refugiados".

Conforme observei no início deste prefácio, movimentos colonialistas de povoamento como o sionismo bebem da fonte do que Patrick Wolfe definiu como "a eliminação do

---

* Hagar Shezaf, "Burying the Nakba: How Israel Systematically Hides Evidence of 1948 Expulsion of Arabs", *Haaretz*, 5 de julho de 2019, disponível em: <www.haaretz.com/israel-news/.premium.MAGAZINE-how-israel-systematically-hides-evidence-of-1948-expulsion-of-arabs-1.7435103>.

nativo"*. Israel, como Estado colonialista de povoamento, tem por tendência implícita o desejo de ocultar seus atos de eliminação, sobretudo em tempos nos quais o colonialismo é visto com maus olhos, e mais ainda para um país que alardeia ser "a única democracia no Oriente Médio" e um "Estado judeu e democrático".

A limpeza étnica da Palestina em 1948 e a tentativa de apagar sua memória são parte integrante de um mesmo ato de eliminação. Como aponta Wolfe, o colonialismo de povoamento não é um evento, mas uma estrutura, e, portanto, as tentativas de eliminação já ocorriam antes de 1948 e continuam a ocorrer nos dias de hoje. Em termos mais concretos, a visão de uma Palestina "desarabizada" alimentou a conjuntura violenta e tão conhecida que marca diferentes momentos da história moderna do país: a limpeza étnica de 1948, a imposição de um regime militar a vários grupos populacionais palestinos durante os últimos 70 anos, o ataque à OLP no Líbano em 1982, as operações na Cisjordânia em 2002, o cerco de Gaza e os projetos de "judaização" em todas as regiões da Palestina histórica, para nomear apenas alguns itens de uma longa lista.

Atualmente, podemos acrescentar ao conjunto o novo projeto do "acordo do século" e o intuito de anexar parte da Área C (cerca de 60 por cento da Cisjordânia). Trata-se de uma tentativa de taxar os palestinos como povo sem direitos políticos coletivos e, ao mesmo tempo, expandir a "judaização" da Cisjordânia. Encerrar os arquivos com a remoção de materiais não secretos é parte da mesma estratégia geral de "encerrar" a questão palestina. A Palestina despolitizada não

---

* Patrick Wolfe, op. cit.

está autorizada a defender narrativas históricas que possam alimentar demandas políticas por um Estado, autodeterminação ou direito de retorno — e o governo Trump avançou com isso ao fechar a missão da OLP em Washington, transferir sua embaixada em Israel para Jerusalém, suspender o financiamento dos EUA à Agência das Nações Unidas de Assistência aos Refugiados da Palestina no Oriente Próximo (UNRWA, na sigla em inglês) e reconhecer como legais os assentamentos israelenses em territórios palestinos ocupados.

Como tantas vezes no passado, a interpretação israelense do "acordo" era tão importante quanto a proposta em si. Aos olhos do governo israelense, esse "acordo" garantiria legitimidade prévia à futura anexação da Área C por Israel. Em julho de 2019, Netanyahu declarou que implementaria essa parte do acordo naquele verão. Essa interpretação descartou todo o processo de negociação em torno do "acordo" — processo cujo objetivo era declarar as áreas remanescentes da Cisjordânia e a Faixa de Gaza como território de um futuro Estado palestino.

Fosse ou não genuína sua decisão de anexar oficialmente a Área C, Netanyahu precisou deixar de lado esse projeto em particular. A pandemia, o êxito do governo Trump em fazer com que Emirados Árabes Unidos, Bahrein e Marrocos assinassem um acordo oficial com Israel e a subsequente derrocada política de Netanyahu atrasaram a anexação, que ainda pode ocorrer.

O novo governo, liderado por Naftali Bennet, é uma coalisão bizarra entre esquerda, direita e o partido político islâmico. Desde o início do mandato, o grupo estava decidido a não mudar nenhuma política relacionada à Palestina ou aos palestinos.

Joe Biden e seu governo democrata não alteraram muito a realidade da região. Embora não adote o mesmo discurso de Trump, a atual administração, assim como as gestões anteriores, demonstra pouca oposição ao unilateralismo israelense. Se os EUA mantiverem suas diretrizes e políticas atuais, o país vai dar um passo perigoso, que afetará a região como um todo. O acordo manifestava claro desprezo pelas leis internacionais e pela justiça universal básica. Esse desrespeito às leis internacionais, por um lado, e a exclusão de Israel das conversas sobre direitos civis e humanos na região, por outro, impedirão os EUA e o Ocidente de desempenhar qualquer papel útil no combate à lúgubre realidade desses direitos na região (situação para a qual o colonialismo e o imperialismo ocidentais do passado contribuíram tanto quanto os regimes locais e grupos de oposição vigentes, que violam os direitos de seu próprio povo). Aparentemente, a sociedade civil global, que no passado obteve avanços significativos e demonstrou comprometimento com a justiça na Palestina, precisa trabalhar ainda mais duro em solidariedade ao movimento nacional palestino, que busca desesperadamente — e, até aqui, em vão — atuar de forma coesa para frustrar a próxima tentativa estadunidense-israelense de destruir a Palestina e os palestinos.

Ilan Pappe, 2021

PARTE I
AS FALÁCIAS DO PASSADO

1
A Palestina era uma terra vazia

O espaço geopolítico hoje chamado de Israel ou Palestina é um país reconhecido desde a época dos romanos. Seu status e suas condições no passado distante são tema de debates acalorados entre aqueles que acreditam que fontes como a Bíblia não têm valor histórico e os que encaram o livro sagrado como um relato histórico. A significância da história pré-romana do país será abordada nos próximos capítulos deste livro. Entretanto, entre os acadêmicos, parece haver um amplo consenso de que foram os romanos que deram ao território o nome "Palestina", antecedendo todas as outras alusões de nome semelhante ao território. Durante o período de governo romano e, mais tarde, bizantino, a região foi uma província imperial; sua sorte estava muito atrelada à dos romanos e, mais tarde, à de Constantinopla.

De meados do século VII em diante, a história da Palestina esteve intimamente ligada aos mundos árabe e muçulmano (com um breve intervalo durante o período medieval, quando foi conquistada pelos cruzados). Vários impérios muçulmanos e dinastias do norte, leste e sul do país almejavam o controle de suas terras, pois abrigavam o segundo local mais sagrado para a religião muçulmana após Meca e

Medina. Claro que também havia outros atrativos, dada sua fertilidade e localização estratégica. A riqueza cultural de alguns desses antigos governantes ainda pode ser vista em partes de Israel e da Palestina, embora a arqueologia local priorize os patrimônios romano e judaico e, portanto, não tenha escavado o legado dos mamelucos e seljúcidas, ambas férteis e prósperas dinastias medievais islâmicas.

Ainda mais relevante para uma compreensão de Israel e Palestina nos dias de hoje é o período otomano, que começa com a ocupação do território em 1517. Os otomanos permaneceram ali por 400 anos, e seu legado ainda se faz sentir em muitos aspectos. O sistema legal de Israel, os registros do tribunal religioso (o *sijjil*), os registros de terra (o *tapu*) e algumas preciosidades arquitetônicas dão testemunho da relevância da presença otomana. Quando os otomanos chegaram, encontraram uma sociedade em sua maioria rural e composta por muçulmanos sunitas, mas com pequenas elites urbanas de idioma árabe. Menos de 5 por cento da população era judaica, e provavelmente de 10 a 15 por cento eram cristãos. Como Yonatan Mendel comenta:

> Desconhece-se a porcentagem exata de judeus antes da ascensão do sionismo. No entanto, é provável que fosse da ordem de 2 a 5 por cento. De acordo com os registros otomanos, uma população total de 462.465 pessoas residia, em 1878, no que hoje compõe Israel/Palestina. Desse número, 403.795 (87 por cento) eram muçulmanos, 43.659 (10 por cento) eram cristãos e 15.011 (3 por cento) eram judeus[*].

---

[*] Jonathan Mendel, *The Creation of Israeli Arabic: Political and Security Considerations in the Making of Arabic Language Studies in Israel*, Londres: Palgrave Macmillan, 2014, p. 188.

As comunidades judaicas ao redor do mundo viam a Palestina na época como a Terra Santa da Bíblia. No judaísmo, a peregrinação não tem o mesmo papel que desempenha na cristandade e no Islã, mas ainda assim alguns judeus consideravam-na uma obrigação, e uns poucos visitavam o país na condição de peregrinos. Como mostrará um dos capítulos deste livro, antes da ascensão do sionismo eram sobretudo os cristãos que desejavam, por questões eclesiásticas, instalar judeus na Palestina em caráter mais permanente.

Seria difícil saber que a Palestina era assim nos 400 anos de governo otomano por meio das informações disponíveis no site do Ministério das Relações Exteriores israelense acerca da história da Palestina, a partir do século XVI:

> Após a conquista otomana em 1517, a terra foi dividida em quatro distritos, atrelados administrativamente à província de Damasco e governados desde Istambul. Ao final da era otomana, cerca de mil famílias judaicas viviam no país, sobretudo em Jerusalém, Nablus (Schechem), Hebron, Gaza, Safed (Tzfat) e em vilarejos da Galileia. A comunidade era composta por descendentes de judeus que sempre viveram na terra, e também por imigrantes do Norte da África e da Europa.
> Um governo pacífico, até a morte (1566) do Sultão Suleiman, o Magnífico, promoveu melhorias e estimulou a imigração judaica. Alguns recém-chegados se instalaram em Jerusalém, mas a maioria seguiu para Safed, onde, em meados do século XVI, a população judaica havia crescido para cerca de 10 mil pessoas e a cidade havia se tornado um próspero centro têxtil*.

---

* Do site do Ministério das Relações Exteriores israelense (mfa.gov.il).

A Palestina do século XVI, ao que parece, era predominantemente judaica, e a força vital do comércio na região se concentrava nas comunidades judaicas dessas cidades. O que aconteceu depois? Mais uma vez, de acordo com o site do Ministério das Relações Exteriores israelense:

> Com o gradual declínio de qualidade da gestão otomana, o país sofreu de negligência generalizada. Ao final do século XVIII, boa parte das terras pertenciam a senhores ausentes e eram arrendadas por fazendeiros empobrecidos em contratos de inquilinato, e a cobrança de impostos era tão paralisante quanto imprevisível. As grandes florestas da Galileia e o Monte Carmelo foram despidos de suas árvores; o pântano e o deserto invadiram as terras agrícolas.

Segundo esta narrativa, em 1800 a Palestina havia se tornado um deserto onde fazendeiros que não eram do lugar cultivavam, de alguma maneira, a terra ressequida que não lhes pertencia. Essa mesma terra parecia ser uma ilha, de considerável população judaica, governada de fora pelos otomanos e sofrendo nas mãos de projetos imperiais predatórios que privavam o solo de sua fertilidade. A cada ano a terra se tornava mais estéril, o desmatamento avançava e as terras aráveis se transformavam em deserto. Esse retrato, falsificado e divulgado por meio de um site estatal oficial, não tem precedentes.

É uma amarga ironia que, ao redigirem essa narrativa, os autores não tenham se baseado em estudos israelenses. A maioria dos acadêmicos israelenses teria muitas ressalvas para aceitar a validade dessas afirmações ou corroborar tal narrativa. Uma boa parcela deles, como David Grossman (o demógrafo, não o famoso autor), Amnon Cohen e Yehoshua Ben-Arieh, questionaram-na com êxito. Suas pesquisas mostram que, ao longo dos séculos, a Palestina, longe de ser um deserto, era uma próspera sociedade árabe — de maioria muçulmana, predominantemente rural, mas com centros urbanos fervilhantes.

Contudo, apesar dessa contestação, tal narrativa ainda é propagada pelo currículo educacional israelense e pela mídia, ambos amparados por acadêmicos menos proeminentes, mas de maior influência no sistema educacional*. Fora de Israel, em particular nos Estados Unidos, a ideia de que a terra prometida era vazia, desolada e improdutiva antes da chegada do sionismo ainda vive e repercute, de modo que vale a pena abordá-la.

Precisamos examinar os fatos. A narrativa histórica concorrente revela outra história, segundo a qual a Palestina do período otomano era uma sociedade como todas as outras sociedades árabes à sua volta. Não era diferente dos países mediterrâneos orientais como um todo. Longe de viver sitiado ou isolado, o povo palestino tinha grande exposição a interações com outras culturas por integrar o amplo Império Otomano. Além disso, estando aberta a mudanças e à modernização, a Palestina começou a se desenvolver como nação muito antes da chegada do movimento sionista. Nas mãos de enérgicos governantes locais como Daher al-Umar (1690–1775), as cidades de Haifa, Shefa-Amr, Tiberíades e Acre foram reformadas e revigoradas. A rede costeira de portos e cidades teve um crescimento estrondoso graças a

---

* Um bom exemplo disso é o currículo atual para o ensino médio referente à História Otomana de Jerusalém, disponível em: <crns.education.gov.il>.

suas conexões comerciais com a Europa, enquanto as planícies do interior praticavam comércio terrestre com regiões próximas. O oposto exato de um deserto, a Palestina era parte florescente de Bilad al-Sham (a terra do Norte), ou do Levante da época. Ao mesmo tempo, uma rica agroindústria, pequenos vilarejos e cidades históricas atendiam uma população de meio milhão de pessoas às vésperas da chegada dos sionistas*.

No final do século XIX, este número era o de uma população considerável; e conforme mencionado acima, apenas uma pequena porcentagem era judaica. É notável que à época esta população fosse resistente às ideias promovidas pelo movimento sionista. A maioria dos palestinos vivia em aldeias do interior, que quase chegavam ao número de mil. Enquanto isso, uma próspera elite urbana estabeleceu residência na costa, nas planícies internas e nas montanhas.

Hoje entendemos muito melhor como os habitantes daquela região definiam a si mesmos às vésperas da colonização sionista do país. Como em outras partes do Oriente Médio e além, a sociedade palestina foi apresentada ao poderoso conceito definidor dos séculos XIX e XX: a nação. Dinâmicas externas e locais instigaram este novo modo de autorreferência, como também aconteceu em outros lugares do mundo. Ideias nacionalistas foram importadas para o Oriente Médio, em parte por missionários estadunidenses que foram até lá no início do século XIX movidos pelo proselitismo e pelo desejo de disseminar as novas noções de autodeterminação. Por serem estadunidenses, eles se sentiam

---

* Para um estudo focado nessas conexões comerciais, ver Beshara Doumani, *Rediscovering Palestine: Merchants and Peasants in Jabal Nablus, 1700–1900*. Berkeley: University of California Press, 1995.

representantes não só da cristandade, mas também do mais novo Estado independente do globo. A elite escolarizada da Palestina se somou a outras do mundo árabe na digestão dessas ideias e na formulação de uma autêntica doutrina nacional, gerando demanda por maior autonomia (e, mais tarde, independência) dentro do Império Otomano.

Entre a metade e o final do século XIX, as elites política e intelectual otomanas adotaram ideias românticas nacionalistas que equiparavam a identidade otomana à identidade turca. Essa tendência contribuiu para alienar os súditos não turcos de Istambul, em sua maioria árabes, do Império Otomano. O processo de nacionalização da própria Turquia foi acompanhado por uma tendência de secularização na segunda metade do século XIX, reduzindo a importância de Istambul como foco e autoridade religiosos.

No mundo árabe, a secularização também fez parte do processo de nacionalização. Não é de surpreender que tenham sido sobretudo as minorias, como os cristãos, a abraçar entusiasticamente a ideia de uma identidade nacional secular baseada em território, idioma, história e cultura comuns. Na Palestina, os cristãos que se envolveram com o nacionalismo encontraram aliados fortes na elite muçulmana, levando à proliferação de sociedades cristãs-muçulmanas por toda a Palestina no período próximo ao final da Primeira Guerra Mundial. No mundo árabe, os judeus participaram dessas alianças entre ativistas de diferentes religiões. O mesmo teria ocorrido na Palestina, não tivesse o sionismo exigido total lealdade da comunidade judaica veterana de lá.

Um estudo meticuloso e abrangente sobre como o nacionalismo palestino surgiu antes da chegada do sionismo pode ser encontrado nos trabalhos de historiadores palestinos como Muhammad Muslih e Rashid Khalidi*. Eles demostram com clareza que setores da elite e de fora dela na Palestina se envolveram na criação de um movimento e um sentimento nacionais antes de 1882. Khalidi, em particular, mostra que os sentimentos patrióticos, as lealdades locais, o arabismo, os sentimentos religiosos e os níveis mais elevados de instrução e alfabetização eram os principais constituintes do novo nacionalismo, e como apenas mais tarde a resistência ao sionismo viria a desempenhar um papel crucial a mais na definição do nacionalismo palestino.

Khalidi, entre outros, revela como a modernização, a queda do Império Otomano e a caça gananciosa de territórios do Oriente Médio pela Europa contribuíram para a consolidação do nacionalismo palestino antes que o sionismo deixasse sua marca na Palestina com a promessa britânica de uma pátria judaica em 1917. Uma das manifestações mais evidentes dessa nova autodefinição foram as referências à Palestina como entidade geográfica e cultural, e, mais tarde, também política. Embora não houvesse um Estado palestino, a localização cultural da Palestina estava bem clara; havia nela um sentimento unificante de pertencimento. Bem no início do século XX, o jornal *Filastin* refletia a forma como as pessoas chamavam seu próprio país**. Os palestinos falavam seu próprio dialeto, tinham seus próprios costumes e rituais e habitavam um país que constava dos mapas-múndi como Palestina.

---

* Rashid Khalidi, *Palestinian Identity: The Construction of Modern National Consciousness*, Nova York: Columbia University Press, 2010; e Muhammad Muslih, *The Origins of Palestinian Nationalism*, Institute for Palestine Studies, 1989.
** Para saber mais sobre o jornal e seu papel no movimento nacional, ver Rashid Khalidi, ibid.

Durante o século XIX, a Palestina, assim como as regiões vizinhas, tornou-se uma unidade geopolítica mais claramente definida devido às reformas administrativas iniciadas em Istambul, capital do Império Otomano. Como consequência, a elite local palestina passou a buscar independência dentro de uma Síria unida, ou mesmo de um Estado árabe unido (um pouco como os Estados Unidos da América). Essa motivação nacional pan-arabista foi chamada em árabe de *qawmiyya* e foi popular na Palestina e no resto do mundo árabe.

Após o famoso, ou melhor, infame Acordo Sykes-Picot firmado entre França e Grã-Bretanha em 1916, as duas potências coloniais dividiram a área em novos Estados-nações. Com essa partilha da região, um novo sentimento veio à tona: uma variante mais autóctone do nacionalismo, que em árabe se chamou *wataniyya*. Como resultado, a Palestina começou a ver a si mesma como um Estado árabe independente. Não fosse o sionismo a espreitar pela porta, a Palestina provavelmente teria seguido o mesmo caminho do Líbano, da Jordânia ou da Síria e abraçado um processo de crescimento e modernização*. Na verdade, esse processo já estava em curso em 1916 por consequência das políticas otomanas do final do século XIX. Em 1872, quando o governo de Istambul fundou o sanjaque (província administrativa) de Jerusalém, criou um espaço geopolítico coeso na Palestina. Por um breve momento, os poderes em Istambul até brincaram com a possibilidade de ampliar o sanjaque, incorporando a

---

* A alternativa de uma possível modernização da Palestina é discutida com brilhantismo na coletânea de artigos de Salim Tamari, *The Mountain Against the Sea: Essays on Palestinian Society and Culture*, Berkeley: University of California Press, 2008.

ele boa parte da Palestina tal qual a conhecemos hoje e também as subprovíncias de Nablus e Acre. Se tivessem feito esse movimento, os otomanos teriam criado uma unidade geográfica, como ocorreu no Egito, onde um nacionalismo específico poderia ter surgido até mais cedo*.

No entanto, mesmo com sua divisão administrativa entre norte (governado por Beirute) e sul (governado por Jerusalém), essa mudança elevou a Palestina como um todo a um patamar acima de seu status periférico anterior, quando estava dividida em pequenas subprovíncias regionais. Em 1918, com o começo do governo britânico, as divisões norte e sul se tornaram uma só unidade. De maneira similar e no mesmo ano, os britânicos estabeleceram as bases para o Iraque moderno ao fundirem as três províncias otomanas de Mosul, Bagdá e Basra em um Estado-nação moderno. Na Palestina, ao contrário do Iraque, conexões familiares e limites geográficos (o Rio Litani ao norte, o Rio Jordão a leste, o Mediterrâneo a oeste) atuaram em conjunto para fundir três províncias — Beirute Sul, Nablus e Jerusalém — em uma unidade social e cultural. Esse espaço geopolítico tinha seu próprio dialeto principal, além de seus próprios costumes, folclore e tradições**.

Em 1918, portanto, a Palestina se encontrava mais unida do que jamais fora durante o período otomano, mas outras mudanças estavam a caminho. Enquanto esperava pela

---

* Ver Butrus Abu-Manneh, "The Rise of the Sanjaq of Jerusalem in the Nineteenth Century", in: Ilan Pappe (ed.), *The Israel/Palestine Question*, Londres e Nova York: Routledge, 2007, pp. 40–50.

** Para uma análise mais detalhada ver Ilan Pappe, *A History of Modern Palestine: One Land, Two Peoples*, Cambridge: Cambridge University Press, 2006, pp. 14–60.

aprovação internacional definitiva do status da Palestina em 1923, o governo britânico renegociou as fronteiras do território, criando um espaço geográfico mais bem-definido a ser disputado pelos movimentos nacionais e um sentimento mais evidente de pertencimento para as pessoas que ali viviam. Agora estava claro o que era a Palestina. O que não estava claro era a quem ela pertencia: aos palestinos nativos ou aos novos colonos judeus? A ironia final desse regime administrativo foi que o redesenho dos limites auxiliou o movimento sionista a conceituar geograficamente "Eretz Israel", a Terra de Israel, onde apenas os judeus tinham direito à terra e aos seus recursos.

Sendo assim, a Palestina não era um território vazio. Ela era parte de um mundo mediterrâneo oriental rico e fértil que, no século XIX, passou por processos de modernização e nacionalização. Ela não era um deserto esperando pelo florescimento, mas um país pastoral prestes a ingressar no século XX como uma sociedade moderna, com todos os prós e contras próprios dessa transformação. Sua colonização pelo movimento sionista fez desse processo um desastre para a maioria dos nativos que lá viviam.

2
Os judeus eram um povo sem terra

A afirmação apresentada no capítulo anterior, segundo a qual a Palestina era uma terra sem povo, anda de mãos dadas com a afirmação de que os judeus eram um povo sem terra.

Mas os colonos judeus eram um povo? Estudos acadêmicos recentes reiteraram algumas dúvidas acerca disso já articuladas muitos anos atrás. O tema comum dessa abordagem crítica é melhor resumido em *A invenção do povo judeu*, de Shlomo Sand*. Sand mostra que, em dado momento da história moderna, o mundo cristão, agindo por interesse próprio, apoiou a ideia de que os judeus seriam uma nação que devia retornar um dia à Terra Santa. Segundo esse raciocínio, tal retorno faria parte do esquema divino para o fim dos tempos, assim como a ressureição dos mortos e a Segunda Vinda do Messias.

As reviravoltas teológicas e religiosas causadas pela Reforma a partir do século XVI geraram uma associação clara, sobretudo para os protestantes, entre a ideia de fim do milênio, a conversão dos judeus e seu retorno à Palestina. Thomas Brightman, clérigo inglês do século XVI, representou esses preceitos ao escrever: "Devem eles retornar a

---

* Shlomo Sand, *A invenção do povo judeu*, São Paulo: Benvirá, 2011.

Jerusalém outra vez? Não há certeza maior: os profetas de todos os cantos confirmam e falam sobre isso*". Brightman não só esperava que a promessa divina fosse cumprida, mas também, como tantos depois dele, desejava que os judeus se convertessem ao cristianismo ou deixassem todos a Europa. Cem anos mais tarde, Henry Oldenburg, filósofo da natureza e teólogo alemão, escreveu: "Se a ocasião se apresentar em meio às mudanças às quais estão sujeitas as ações humanas, [os judeus] podem até reerguer seu império, e [...] Deus pode escolhê-los uma segunda vez**". Charles-Joseph de Lign, general-marechal de campo austro-húngaro, observou na segunda metade do século XVIII:

> Acredito que o judeu não é capaz de assimilar, e que constituirá constantemente uma nação dentro de uma nação, onde quer que esteja. A coisa mais simples a se fazer, em minha opinião, seria devolvê-los à sua pátria, de onde foram afugentados***.

Como fica bastante claro neste último texto, havia uma ligação óbvia entre essas ideias constitutivas do sionismo e um antissemitismo mais longevo. François-René de Chateaubriand, o famoso escritor e político francês, escreveu por volta da mesma época que os judeus eram "os donos legítimos

---

* Thomas Brightman, *The Revelation of St. John Illustrated with an Analysis and Scholions* [sic], 4th edn, Londres, 1644, p. 544.
** De uma carta que escreveu a Espinoza em 4 de dezembro de 1665, citada em Franz Kobler, *The Vision Was There: The History of the British Movement for the Restoration of the Jews to Palestine*, Londres: Birt Am Publications, 1956, pp. 25–6.
*** Hagai Baruch, *Le Sionisme Politique: Precurseurs et Militants: Le Prince De Linge*, Paris: Beresnik, 1920, p. 20.

da Judeia". Ele influenciou Napoleão Bonaparte, que esperava obter ajuda da comunidade judaica na Palestina, bem como de outros habitantes do território, em sua tentativa de ocupar o Oriente Médio no início do século XIX. Prometeu a eles um "retorno à Palestina" e a criação de um Estado*. O sionismo, como podemos ver, foi, portanto, um projeto cristão de colonização antes de se tornar judeu.

Os sinais agourentos de como essas crenças aparentemente míticas e religiosas podiam se converter em um programa real de colonização e expropriação apareceram na Grã-Bretanha Vitoriana já nos anos 1820, quando surgiu um potente movimento teológico e imperial que colocaria o retorno dos judeus à Palestina no centro de um plano estratégico para tomar a Palestina e transformá-la em uma entidade cristã. No século XIX, esse sentimento se tornou mais popular do que nunca na Grã-Bretanha e afetou a política imperial oficial: "O solo da Palestina... apenas aguarda o retorno de seus rebentos banidos e que o emprego da indústria assim como sua capacidade agrícola voltem a vicejar e a propiciar uma exuberância universal, para que o local volte a ser o que foi nos tempos de Salomão**". Assim escreveu o fidalgo e comandante militar escocês John Lindsay. Esse sentimento encontrou eco em David Hartley, filósofo inglês que escreveu: "É provável que os judeus sejam reintroduzidos na Palestina***".

---

* Suja R. Sawafta, "Mapping the Middle East: From Bonaparte's Egypt to Chateaubriand's Palestine", tese de doutorado apresentada na Universidade da Carolina do Norte, Chapel Hill, 2013.

** A. W. C. Crawford, Lord Lindsay, *Letters on Egypt, Edom and the Holy Land*, v. 2, Londres, 1847, p. 71.

*** Citado em Anthony Julius, *Trials of the Diaspora: A History of Anti-Semitism in England*, Oxford: Oxford University Press, 2010, p. 432.

O processo não foi de todo bem-sucedido até receber o apoio dos Estados Unidos, onde também havia um histórico de validação da ideia de uma nação judaica com direito a retornar à Palestina e construir um Sião. No mesmo período em que os protestantes articulavam essas visões na Europa, elas apareciam de maneira similar do outro lado do Atlântico. O presidente estadunidense, John Adams (1735-1826), afirmou: "Desejo verdadeiramente que os judeus retornem à Judeia como nação independente*". Uma simples história das ideias nos conduz diretamente dos pais pregadores desse movimento àqueles com o poder para mudar o destino da Palestina. Na dianteira destes se encontrava Lorde Shaftesbury (1801-1885), proeminente político e reformista britânico que fez campanha ativa por uma pátria judaica na Palestina. Seus argumentos em prol de uma maior presença britânica na Palestina eram a um só tempo religiosos e estratégicos**.

Como demonstrarei em breve, essa perigosa mescla de fervor religioso e zelo reformista nos levaria dos esforços de Shaftesbury em meados do século XIX à Declaração Balfour em 1917. Shaftesbury percebeu que não bastaria apoiar o retorno dos judeus: a Grã-Bretanha precisaria ativamente prestar assistência durante o início da colonização. Essa aliança deveria começar, asseverou Shaftesbury, com auxílio material para que os judeus viajassem à Palestina otomana. Ele convenceu o bispado anglicano e a catedral de Jerusalém a custearem o início deste projeto. É provável que isso não ti-

---

* "Jews in America: President John Adams Embraces a Jewish Homeland" (1819), em jewishvirtuallibrary.org.
** Donald Lewis, *The Origins of Christian Zionism: Lord Shaftesbury and Evangelical Support for a Jewish Homeland*, Cambridge: Cambridge University Press, 2014, p. 380.

vesse acontecido caso Shaftesbury não houvesse conseguido angariar seu sogro, ministro do exterior e, mais tarde, primeiro-ministro britânico, Lorde Palmerston, para a causa. Shaftesbury escreveu em seu diário em 1º de agosto de 1838:

> Jantei com Palmerston. Deixado a sós com ele após o jantar. Propus meu esquema, que pareceu cativar sua vontade. Ele fez perguntas e logo prometeu ponderar sobre isso [o programa para ajudar os judeus a retornarem à Palestina e assumirem seu controle]. Quão singular é a ordem da Providência. Singular se observada por parâmetros humanos. Palmerston já havia sido escolhido por Deus para ser um instrumento do bem para Seu antigo povo, para prestar homenagem ao seu legado, e para reconhecer seus direitos sem acreditar em seu destino. Parece-me que fará ainda mais. Embora bondosa, a motivação não se basta. Sou forçado a argumentar em termos políticos, financeiros, comerciais. Ele não chora, como seu Mestre, por Jerusalém, tampouco reza para que agora, enfim, ela possa vestir seus belos trajes*.

Como primeiro passo, Shaftesbury persuadiu Palmerston a nomear seu companheiro restauracionista (um crédulo na restauração da Palestina para os judeus) William Young como primeiro vice-cônsul britânico em Jerusalém. Mais tarde

---

* Anthony Ashley, "Earl of Shaftesbury", anotações do diário confome citadas por Edwin Hodder, *The Life and Work of the Seventh Earl of Shaftesbury*, Londres, 1886, v. 1, pp. 310–1; ver também Geoffrey B. A. M. Finlayson, *The Seventh Earl of Shaftesbury*, Londres: Eyre Methuen, 1981, p. 114; The National Register Archives, Londres, Shaftesbury (Broadlands) MSS, SHA/PD/2, 1º de agosto, 1840.

ele escreveu em seu diário: "Que maravilhoso acontecimento! A cidade antiga do povo de Deus está prestes a retomar um espaço entre as nações; e a Inglaterra é o primeiro dos reinos gentios a parar de 'pisoteá-la'*". Um ano mais tarde, em 1839, Shaftesbury escreveu um artigo de trinta páginas para o *The London Quarterly Review* intitulado "Estado e restauração dos judeus", em que previu uma nova era para o povo escolhido de Deus. Ele insistia que

> é preciso encorajar os judeus a retornarem em números ainda maiores e se tornarem outra vez os cultivadores da Judeia e da Galileia [...] embora sejam de fato uma gente cabeça-dura e de coração sombrio, afundada em degradação moral, teimosia e ignorância do Evangelho, [eles são] não apenas dignos da salvação, mas também vitais para a esperança de salvação da Cristandade**.

O lobby suave de Shaftesbury junto a Palmerston mostrou-se exitoso. Por razões políticas, mais do que religiosas, Palmerston também se tornou um defensor da restauração judaica. Dentre outros fatores que figuraram em suas deliberações havia a visão de que "os judeus poderiam ser úteis no apoio à derrubada do Império Otomano, ajudando-nos assim a atingirmos o principal objetivo da política externa britânica na região***".

Palmerston escreveu ao embaixador britânico em Istambul em 11 de agosto de 1840 para tratar dos benefícios mútuos

---

* Citado em Gertrude Himmelfarb, *The People of the Book: Philosemitism in England, From Cromwell to Churchill*, Nova York: Encounter Books, 2011, p. 119.
** *The London Quarterly Review*, v. 64, pp. 104–5.
*** Ibid.

para britânicos e otomanos caso os judeus fossem autorizados a retornar à Palestina. Ironicamente, a restauração dos judeus era considerada um meio importante de manter o *status quo* e evitar a desintegração do Império Otomano. Palmerston escreveu:

> Atualmente, existe entre os judeus dispersos pela Europa um forte entendimento de que se aproxima o tempo em que sua nação retornará à Palestina [...] seria de manifesta importância que o sultão estimulasse os judeus a retornarem e se assentarem na Palestina porque a riqueza que levariam consigo ampliaria os recursos dos domínios do sultão; e o povo judeu, contanto que retorne sob sanção e proteção e por convite do sultão, seria um freio para quaisquer vindouros desígnios maléficos de Mehmet Ali ou de seu sucessor [...] devo instruir fortemente Sua Excelência a recomendar [que o governo turco] ofereça todos os incentivos justos para que os judeus da Europa retornem à Palestina*.

Mehmet Ali, conhecido popularmente como Muhammad Ali, foi o governante do Egito nomeado pelo Império Otomano na primeira metade do século XIX. Palmerston escreveu esta carta a seu embaixador em Istambul após uma década em que o governante egípcio chegara perto de derrubar o próprio sultão. A ideia de que a riqueza exportada à Palestina pelos judeus iria fortalecer o Império Otomano contra potenciais inimigos internos e externos ressalta como o sionismo era associado ao antissemitismo, ao imperialismo britânico e à teologia.

---

* Ibid.

Alguns dias após Lorde Palmerston ter enviado sua carta, um artigo de capa no *The Times* apresentava um plano "para plantar o povo judeu na terra de seus pais", afirmando que tal plano se encontrava sob "séria consideração política" e elogiando os esforços de Shaftesbury como autor do plano, que, segundo argumentava, era "prático e digno de um verdadeiro estadista*". Lady Palmerston também apoiava a posição do marido. Ela escreveu a uma amiga: "Temos do nosso lado elementos fanáticos e religiosos, e você sabe o séquito que possuem neste país. Eles estão absolutamente resolutos que Jerusalém e toda a Palestina devem ser reservadas para o retorno dos judeus; eis seu único anseio, restaurar os judeus**". O Conde de Shaftesbury foi descrito como "o principal proponente do sionismo cristão no século XIX e o primeiro político de estatura a tentar preparar o terreno para que os judeus estabelecessem uma pátria na Palestina***".

Esse momento de entusiasmo do *establishment* britânico com a ideia da restauração deveria ser propriamente descrito como protossionismo. Embora devamos ter cuidado ao atribuir ideologias contemporâneas a um fenômeno do século XIX, é inegável que já estavam ali todos os ingredientes que transformariam essas ideias em justificativa futura para erradicar e negar os direitos básicos da população autóctone da Palestina. Claro que também havia clérigos e igrejas que se identificavam com os palestinos nativos. Destacava-se en-

---

* *The Times of London*, 17 de de agosto de 1840.
** Citado em Geoffrey Lewis, *Balfour and Weizmann: The Zionist, The Zealot and the Emergence of Israel*, Londres: Continuum books, 2009, p. 19.
*** Deborah J. Schmidle, "Anthony Ashley-Cooper, Seventh Earl of Shaftsbury", in: Hugh D. Hindman (ed.), *The World of Child Labour: An Historical and Regional Survey*, Londres e Nova York: M. E. Sharpe, 2009, p. 569.

tre eles George Francis Popham Blyth, clérigo da Igreja da Inglaterra que, com alguns colegas anglicanos com cargos elevados, desenvolveu forte empatia pelos anseios e direitos palestinos. Em 1887, Blyth fundou o St. George College, que nos dias de hoje ainda é provavelmente um dos melhores colégios de ensino médio em Jerusalém Oriental (frequentado por filhos da elite local, que desempenhariam um papel crucial na política palestina durante a primeira metade do século XX). O poder, contudo, estava nas mãos daqueles que apoiavam a causa judaica, que mais tarde passaria a ser chamada de causa sionista.

O primeiro consulado britânico em Jerusalém foi inaugurado em 1838. Dentre seus propósitos estava o estímulo informal (com a promessa de proteção) para que os judeus viessem à Palestina; em alguns casos, também havia a tentativa de convertê-los ao cristianismo. O mais conhecido dos primeiros cônsules foi James Finn (1806–1872), que, em razão de sua personalidade e abordagem direta, fez com que fosse impossível esconder dos palestinos as implicações desses propósitos. Ele escreveu abertamente, e é provável que tenha sido o primeiro a fazê-lo, sobre a relação entre o retorno dos judeus à Palestina e o possível deslocamento dos palestinos como resultado*. Essa relação estaria no centro do projeto sionista de colonização de povoamento durante o século seguinte.

Finn ocupou o posto em Jerusalém de 1845 a 1863. Ele foi enaltecido por historiadores israelenses posteriores por ter ajudado os judeus a se instalarem em suas terras ances-

---

* Desenvolvi essa ideia em Ilan Pappe, *The Rise and Fall of a Palestinian Dynasty: The Husaynis, 1700–1948*, Londres: Saqi Books, 2010, pp. 84, 117.

trais, e seu livro de memórias foi traduzido para o hebraico. Finn não é a única personalidade, ao longo da história, a figurar no panteão de uma nação e no rol de vigaristas de outra. Ele detestava o Islã como um todo, e os notáveis de Jerusalém em particular. Jamais aprendeu árabe e se comunicava por intermédio de um intérprete, o que em nada ajudou a suavizar sua relação com a população local palestina.

Finn foi ajudado pela inauguração do bispado anglicano de Jerusalém em 1841, conduzido por Michael Solomon Alexander (um convertido do judaísmo), e pela inauguração da Igreja de Cristo, a primeira igreja anglicana, perto do Portão de Jaffa, Jerusalém, em 1843. Embora mais tarde essas instituições tenham desenvolvido uma forte afinidade com o direito palestino à autodeterminação, à época elas apoiavam os anseios protossionistas de Finn. O cônsul trabalhou com mais afinco do que qualquer outro europeu para estabelecer uma presença ocidental permanente em Jerusalém, organizando a compra de terras e imóveis para missionários, interesses comerciais e órgãos governamentais.

Um importante elo entre esses primeiros ramos do sionismo cristão, principalmente o britânico, e o sionismo foi o movimento do Templo Alemão Pietista (conhecidos mais tarde como "templadores"), ativo na Palestina desde os anos 1860 até a irrupção da Primeira Guerra Mundial. O movimento pietista surgiu do movimento luterano, que se espalhou da Alemanha para o mundo todo, inclusive para a América do Norte (onde sua influência nos primeiros assentamentos coloniais se faz sentir até hoje). Seu interesse na Palestina ganhou força em torno dos anos 1860. Dois clérigos alemães, Christoph Hoffman e Georg David Hardegg, fundaram a Sociedade de Templer em 1861. Eles tinham fortes laços com o movimento pietista em Württemberg, na Alemanha, mas desenvolveram suas próprias ideias quanto à melhor maneira de executar sua versão do cristianismo. Para os clérigos, a reconstrução de um templo judeu em Jerusalém era um passo essencial no esquema divino de redenção e absolvição. Ainda mais importante: ambos estavam convencidos de que, instalando-se eles próprios na Palestina, poderiam desencadear a Segunda Vinda do Messias*. Embora nem todos nas respectivas igrejas e organizações nacionais recebessem bem sua prática tão particular de traduzir o pietismo em colonialismo de povoamento na Palestina, membros veteranos da corte real da Prússia e diversos teólogos anglicanos na Grã-Bretanha apoiaram seu dogma com entusiasmo.

Conforme ganhou proeminência, o movimento dos templadores começou a ser perseguido pela maior parte da igreja estabelecida na Alemanha. Mas eles transpuseram suas ideias para uma instância mais prática e se instalaram na Palestina — enfrentando lutas internas ao longo do caminho, e também incorporando novos membros. Lá, fundaram sua primeira colônia no Monte Carmelo, em Haifa, em 1866, e se espalharam por outras partes do país. A aproximação entre o Kaiser Guilherme II e o sultão, na reta final do século XIX, fortaleceu ainda mais seu projeto de assentamentos. Os pietistas permaneceram na Palestina sob o Mandato Britânico até 1948, quando foram expulsos pelo novo Estado judeu.

---

* Helmut Glenk, *From Desert Sands to Golden Oranges: The History of the German Templers Settlement of Sarona in Palestine*, Toronto: Trafford, 2005, é um dos poucos trabalhos em inglês. A maioria dos estudos sobre os templadores foi escrito em alemão ou hebraico.

As colônias e os métodos de assentamentos dos templadores foram replicados pelos primeiros sionistas. Embora o historiador alemão Alexander Schölch tenha descrito os esforços colonizadores dos alemães como "A Cruzada Silenciosa", as colônias sionistas pioneiras estabelecidas a partir de 1882 poderiam ser chamadas de qualquer coisa, menos de silenciosas*. Quando os templadores se instalaram na Palestina, o sionismo já havia se tornado um movimento político notório na Europa. O sionismo era, em resumo, um movimento para o qual a colonização da Palestina e a criação de um Estado judeu na região seriam a solução para os problemas dos judeus na Europa. Essas ideias germinaram nos anos 1860 em diversos locais da Europa, inspiradas pelo Iluminismo, pela "Primavera dos Povos" de 1848 e, mais tarde, pelo socialismo. De um exercício cultural e intelectual, o sionismo foi transformado em um projeto político através da visão de Theodor Herzl, que reagia a uma onda particularmente vil de perseguição aos judeus na Rússia entre o final dos anos 1870 e início dos 1880 e ao crescimento do nacionalismo antissemita na Europa ocidental (onde o conhecido Caso Dreyfus revelou como eram profundas as raízes do antissemitismo nas sociedades francesa e alemã).

Graças aos esforços de Herzl e de lideranças judaicas que pensavam como ele, o sionismo se tornou um movimento reconhecido internacionalmente. Um grupo de judeus do leste europeu também desenvolveu, de forma independente (no início), uma visão semelhante sobre a solução para a questão judaica na Europa, e não esperou por reconhecimen-

---

* Alexander Schölch, *Palestine in Transformation, 1856–1882: Studies in Social, Economic, and Political Development*, Washington: Institute of Palestine Studies, 2006.

to internacional. O grupo começou a se instalar na Palestina em 1882, após prepararem terreno trabalhando em comunas dos seus países natais. No jargão sionista, eles são chamados de Primeira Aliyah — a primeira onda de imigração sionista, que se estendeu até 1904. A segunda onda (1905-14) foi diferente, pois era composta sobretudo de comunistas e socialistas desiludidos que agora viam no sionismo não apenas a solução para o problema judaico, mas também uma ponta de lança do comunismo e do socialismo com seus assentamentos coletivos na Palestina. Em ambas as ondas, contudo, a maioria preferiu se assentar em cidades palestinas, e apenas uns poucos tentaram cultivar as terras que compraram dos palestinos e de latifundiários árabes ausentes, contando com a ajuda inicial de industriais judeus da Europa para sustentá-los até atingirem maior independência econômica.

Embora, no fim das contas, as conexões dos sionistas com a Alemanha tenham se mostrado insignificantes, a relação com a Grã-Bretanha foi decisiva. De fato, o movimento sionista precisava de um respaldo de peso, pois o povo da Palestina começou a perceber que aquele modelo específico de imigração não trazia bons auspícios para o seu futuro no país. Líderes locais sentiram que o impacto para a sociedade seria muito negativo. Um deles foi o mufti de Jerusalém, Tahir al-Husayni II, que relacionou a imigração de judeus para Jerusalém a um questionamento à santidade muçulmana da cidade por parte dos europeus. Alguns de seus predecessores haviam apontado que James Finn pretendia associar a chegada dos judeus à restauração da glória dos cruzados. Não é de se espantar, portanto, que o mufti tenha liderado a oposição a essa imigração, enfatizando especialmente a necessidade de limitar a venda de terras para esses projetos.

Para ele, a posse de terras corroboraria reivindicações de propriedade, enquanto a imigração sem assentamentos poderia ser encarada como peregrinação transitória*.

Assim, em muitos sentidos, o impulso estratégico imperial da Grã-Bretanha de explorar o retorno dos judeus à Palestina para aprofundar a influência de Londres na "Terra Santa" coincidiu com o surgimento de novas visões culturais e intelectuais em torno do sionismo na Europa. Com isso, tanto para os cristãos como para os judeus, a colonização da Palestina foi vista como um ato de retorno e redenção. A coincidência desses dois impulsos resultou em uma poderosa aliança, que converteu a ideia antissemita e milenarista de transferência dos judeus da Europa para a Palestina em um verdadeiro projeto de assentamento, em detrimento do povo nativo da Palestina. Essa aliança passou a ser de conhecimento público com a proclamação da Declaração Balfour em 2 de novembro de 1917 — uma carta do secretário de assuntos exteriores da Grã-Bretanha aos líderes da comunidade anglo-judaica, prometendo a eles pleno apoio para a criação de uma pátria judaica na Palestina.

Graças à acessibilidade e à estrutura eficiente dos arquivos britânicos, fomos agraciados nas últimas décadas com diversos trabalhos acadêmicos excelentes que esmiúçam os bastidores dessa declaração. Dentre os melhores está um ensaio de 1970 escrito por Mayer Verte, da Universidade Hebraica de Jerusalém**. Ele demonstrou especificamente como os oficiais britânicos asseveraram, de forma equivocada, que os judeus

---

* Ilan Pappe, *The Rise and Fall of a Palestinian Dynasty*, op. cit. p. 115.
** O artigo escrito por Verte em 1970 foi republicado com o título "The Balfour Declaration and Its Makers", in: N. Rose (ed.), *From Palmerston to Balfour: Collected Essays of Mayer Verte*, Londres: Frank Cass, 1992, pp. 1–38.

integrantes do movimento bolchevique tinham aspirações semelhantes às dos sionistas, e portanto uma declaração pró-sionista pavimentaria o caminho para o estabelecimento de boas relações com o novo poder político na Rússia. Mais relevante aqui é a suposição, por parte dos formuladores de políticas, de que esse gesto seria bem recebido pelos judeus estadunidenses — que, suspeitavam os britânicos, teriam grande influência em Washington. Havia também uma mescla de quiliasmo e islamofobia: David Lloyd George, primeiro-ministro à época e cristão devoto, favoreceu o retorno dos judeus por convicções religiosas, e do ponto de vista estratégico tanto ele como seus colegas preferiam uma colônia judaica a uma muçulmana (como eram rotulados os palestinos) na Terra Santa.

Em tempos recentes, tivemos acesso a uma análise ainda mais abrangente, escrita em 1939, mas que passou muitos anos desaparecida até ressurgir em 2013. Trata-se do trabalho do jornalista britânico, J. M. N. Jeffries, *Palestine: The Reality*, que em suas mais de 700 páginas explica o que estava por trás da Declaração Balfour*. Lançando mão de suas conexões pessoais e de seu acesso a uma vasta gama de documentos hoje perdidos, Jeffries explica exatamente quais membros do governo, exército e almirantado britânicos trabalhavam em prol da declaração e por quê. Ao que parece, os cristãos pró--sionistas de sua história estavam muito mais entusiasmados do que os próprios sionistas com a ideia de um patrocínio britânico para o processo de colonização na Palestina.

A conclusão de todas as pesquisas conduzidas até hoje acerca da declaração é que os diversos estrategistas políticos

---

* J. M. N. Jeffries, *Palestine: The Reality*, Washington: Institute of Palestine Studies, 2013.

da Grã-Bretanha consideravam a existência de uma pátria judaica na Palestina compatível com os interesses britânicos na região. Após a ocupação da Palestina pelo Reino Unido, essa aliança permitiu que os judeus construíssem a infraestrutura para um Estado judeu sob auspícios britânicos, protegido pelas baionetas do governo de Sua Majestade.

Mas não foi fácil tomar a Palestina. A campanha britânica contra os turcos durou quase todo o ano de 1917. Começou bem, com as forças britânicas adentrando agressivamente a península do Sinai, mas elas foram logo freadas por uma constritiva guerra de trincheiras nas linhas entre a Faixa de Gaza e Bir Saba. Quando venceram a resistência, tudo ficou mais fácil — na verdade, Jerusalém se entregou sem lutar. A ocupação militar subsequente levou três processos distintos — a emergência do sionismo, o quiliarismo protestante e o imperialismo britânico — às terras palestinas por meio de uma poderosa fusão de ideologias que destruiu o país e seu povo durante os trinta anos seguintes.

Há quem goste de questionar se os judeus que se instalaram na Palestina como sionistas na esteira de 1918 descendiam mesmo dos judeus exilados por Roma dois mil anos antes. Esse questionamento teve início com dúvidas populares evocadas por Arthur Koestler (1905–1983), autor de *The Tirteenth Tribe* (1976), livro em que desenvolve a teoria de que os colonos judeus eram descendentes dos cazares, nação turca do Cáucaso que se converteu ao judaísmo no século VIII e, mais tarde, foi forçada a migrar para oeste*. Desde então cientistas israelenses tentam provar que há uma conexão ge-

---

* O livro foi reimpresso como: Arthur Koestler, *The Khazar Empire and its Heritage*, Nova York: Random House, 1999.

nética entre os judeus da Palestina romana e os atuais ocupantes de Israel. No entanto, o debate segue em curso.

Análises mais sérias provêm de estudiosos bíblicos não influenciados pelo sionismo, como Keith Whitelam, Thomas Thompson e o acadêmico israelense Israel Finkelstein, todos opositores do emprego da Bíblia como relato factual relevante*. Whitelam e Thompson também duvidam da existência de qualquer coisa semelhante a uma nação nos tempos bíblicos e, assim como outros, criticam o que chamam de "invenção do Israel moderno" como obra de teólogos cristãos favoráveis ao sionismo. A desconstrução mais recente e atualizada dessa ideia veio com dois livros de Shlomo Sand, *A invenção do povo judeu* e *A invenção da Terra de Israel***. Respeito e admiro esse esforço acadêmico. Politicamente, contudo, considero-o menos significativo do que a hipótese que nega a existência dos palestinos (embora ele seja um complemento dessa hipótese). Os povos têm o direito de se inventarem, como fizeram tantos movimentos nacionais em seu momento de concepção. Mas o problema se agrava quando a narrativa de gênese engendra projetos políticos como genocídio, limpeza étnica e opressão.

No caso específico das alegações do sionismo do século XIX, o importante não é a sua precisão histórica — não importa se os atuais judeus de Israel são descendentes autên-

---

*   Keith Whitelam, in: *The Invention of Ancient Israel*, Londres e Nova York: Routledge, 1999, e Thomas L. Thompson, in: *The Mythical Past: Biblical Archaeology and the Myth of Israel*, Londres: Basic Books, 1999, criaram a Escola Copenhagem de minimalismo bíblico, que investiga os principais argumentos e pesquisas sobre o tema.

** Shlomo Sand, *A invenção da Terra de Israel: da Terra Santa à Terra Pátria*, São Paulo: Benvirá, 2014.

ticos dos que viveram ali nos tempos romanos —, mas antes a insistência do Estado de Israel em se dizer representante de todos os judeus do mundo, que faria tudo o que faz em seu nome e para o seu bem. Até 1967, essa alegação foi muito útil para o Estado de Israel. Judeus ao redor do mundo, e em especial nos Estados Unidos, tornaram-se seus principais apoiadores sempre que alguma de suas políticas era questionada. Em muitos aspectos, isso ainda ocorre nos Estados Unidos de hoje. Contudo, tanto lá como em outras comunidades judaicas, essa associação automática vem sendo contestada.

O sionismo, como veremos no próximo capítulo, foi na sua origem uma opinião minoritária entre os judeus. Ao argumentar que os judeus eram uma nação que pertencia à Palestina e, portanto, deveriam ser auxiliados em seu retorno para lá, os sionistas precisaram do respaldo de oficiais e, mais tarde, do poderio militar da Grã-Bretanha. Os judeus e o mundo em geral não pareciam convencidos de que eles eram um povo sem terra. Shaftesbury, Finn, Balfour e Lloyd George gostavam dessa ideia porque ela ajudava a Grã-Bretanha a fincar o pé na Palestina. Isso se tornou irrelevante depois que os britânicos tomaram o território à força e, desde um novo ponto de partida, tiveram que decidir se aquelas terras eram judaicas ou palestinas — uma questão a qual jamais souberam responder de forma apropriada e, portanto, tiveram que deixar para outros resolverem após trinta anos de uma administração frustrante.

3
Sionismo é judaísmo

Para examinarmos devidamente a hipótese de que sionismo é o mesmo que judaísmo, devemos começar pelo contexto histórico em que ele nasceu. Desde sua concepção em meados do século XIX, o sionismo foi apenas uma expressão — nada essencial — da vida cultural judaica. Ele nasceu de dois impulsos dentro das comunidades judaicas da Europa central e oriental. O primeiro era a busca por segurança dentro de uma sociedade que se recusava a integrar os judeus como iguais e por vezes os perseguia, fosse por meio de legislação, fosse por meio de levantes organizados ou estimulados pelos poderes estabelecidos para desviar a atenção da população de crises econômicas ou turbulências políticas. O segundo impulso era o anseio por replicar outros novos movimentos nacionais que proliferavam pela Europa na época, durante o que os historiadores chamaram de Primavera dos Povos. Aqueles judeus que tentavam transformar a religião judaica em nação não estavam sozinhos: muitos grupos étnicos e religiosos vivendo nos impérios que se desfacelavam (otomano e austro-húngaro) queriam se redefinir enquanto nação.

As raízes do sionismo moderno podem ser encontradas já no século XVIII, no chamado iluminismo judeu. Tratava-se de um grupo de escritores, poetas e rabinos que ressuscitou o idioma hebraico e expandiu os limites da educação religiosa e tradicional judaica para criar um estudo mais universal de caráter científico, literário e filosófico. Na Europa central e oriental, jornais e revistas em hebraico começaram a proliferar. Desse grupo emergiram alguns indivíduos — conhecidos na historiografia sionista como "Precursores do Sionismo" — de maior tendência nacionalista, que associaram o ressurgimento do hebraico ao nacionalismo em seus escritos. Eles fomentaram duas ideias novas: a redefinição do judaísmo como movimento nacional e a necessidade de colonizar a Palestina para devolver aos judeus a pátria ancestral da qual haviam sido expulsos pelos romanos no ano 70. Eles defendiam "o retorno" por meio do que definiam como "colônias agrícolas" (em muitas partes da Europa, os judeus não estavam autorizados a possuir ou cultivar terras, daí o fascínio com a ideia de recomeçar como uma nação de fazendeiros, e não apenas como cidadãos livres).

As ideias sionistas se tornaram mais populares após uma onda brutal de *pogroms* na Rússia em 1881, que as transformou em um programa político propagado pelo movimento chamado Os Amantes de Sião, que despachou algumas centenas de jovens entusiastas judeus para constituírem as primeiras novas colônias na Palestina em 1882. Essa primeira fase da história do sionismo culmina com os trabalhos e ações de Theodor Herzl. Herzl, que nasceu em Peste, no Império Austro-Húngaro em 1860, mas viveu a maior parte da vida em Viena, começou sua carreira como um dramaturgo interessado na condição e nos problemas do judeu moderno na sociedade, alegando de início que a plena assimilação na sociedade local era a chave para solucionar essa situação difícil. Nos anos 1890 ele se tornou jornalista e, de acordo com sua própria versão, foi nessa época que se deu conta da potência do antissemitismo. Herzl concluiu que não havia esperança de assimilação e optou, então, pela fundação de um Estado judeu na Palestina como melhor solução para o que definiu como "O Problema Judeu".

À medida que essas primeiras ideias sionistas circulavam entre as comunidades judaicas em países como Alemanha e Estados Unidos, rabinos proeminentes e lideranças dessas comunidades descartavam o sionismo por considerá-lo uma forma de secularismo e modernização, ao passo que os judeus seculares temiam que essas novas ideias levantassem dúvidas quanto à lealdade dos judeus a seus próprios Estados-nações, alimentando assim o antissemitismo. Os dois grupos tinham ideias diferentes de como lidar com a perseguição moderna contra os judeus na Europa. Alguns acreditavam que a solução era entrincheirar ainda mais a religião e a tradição judaicas (como os fundamentalistas islâmicos fariam na mesma época, ao se depararem com a modernização da Europa), enquanto outros defendiam uma maior assimilação da vida não judaica.

Quando as ideias sionistas surgiram na Europa e nos Estados Unidos entre os anos 1840 e 1880, a maioria dos judeus praticava o judaísmo de duas maneiras distintas. Uma envolvia o entrincheiramento: viver dentro de comunidades religiosas muito estritas, repudiando ideias novas como o nacionalismo, e até encarando a modernização em tais moldes como uma ameaça indesejada ao seu modo de vida. A outra maneira envolvia levar uma vida secular, que se diferenciava das comunidades não judaicas apenas em detalhes menores: celebrando certos feriados, frequentando a sinagoga às sextas-feiras e, provavelmente, deixando de comer em público durante o jejum do dia do perdão

(Yom Kippur). Gershom Scholem, que foi um desses judeus, relembrou em seu livro de memórias *De Berlim a Jerusalém*, que, enquanto membro de um grupo de jovens judeus na Alemanha, costumava jantar com seus amigos no mesmo restaurante em Berlim durante o Yom Kippur; à sua chegada, o proprietário informava-os de que "a sala especial para os cavalheiros que jejuam no restaurante estava pronta"*. Indivíduos e comunidades se viram entre esses dois polos: a secularização, de um lado, e a vida ortodoxa, do outro. Mas vamos analisar mais de perto as posições que cada um assumiu em relação ao sionismo na segunda metade do século XIX.

O secularismo judeu é um conceito ligeiramente bizarro, claro, assim como o são o secularismo cristão e o secularismo islâmico. Os judeus seculares descritos acima eram pessoas com diferentes graus de conexão com a religião (algo muito semelhante aos cristãos da Grã-Bretanha, que celebram a Páscoa e o Natal, mandam seus filhos para colégios da Igreja da Inglaterra ou frequentam as missas de domingo ocasional ou frequentemente). Na segunda metade do século XIX, essa prática moderna do judaísmo se tornou um poderoso movimento conhecido como Reforma, que buscou formas de adaptar a religião à vida moderna sem sucumbir aos seus aspectos anacrônicos. Esse movimento teve especial popularidade na Alemanha e nos Estados Unidos.

Quando os reformistas se depararam com o sionismo pela primeira vez, rejeitaram com veemência a ideia de redefinir o judaísmo como nacionalismo e criar um Estado judeu

---

* Gershom Scholem, *De Berlim a Jerusalém*, São Paulo: Perspectiva, 1991.

na Palestina. Entretanto, sua posição antissionista mudou após a criação do Estado de Israel em 1948. Na segunda metade do século XX, um grupo majoritário criou um novo movimento da Reforma nos Estados Unidos, que se tornou uma das organizações judaicas mais fortes do país (embora o movimento só tenha declarado fidelidade a Israel e ao sionismo em 1999). No entanto, um grande número de judeus deixou o novo movimento e estabeleceu o Conselho Americano de Judaísmo (ACJ, na sigla em inglês), que em 1993 lembrou ao mundo que o sionismo ainda era uma visão minoritária entre os judeus, e que permaneceu leal às antigas noções reformistas acerca do sionismo*.

Antes desse cisma, tanto na Alemanha como nos Estados Unidos, os membros do movimento da Reforma haviam oferecido argumentos fortes e unânimes contra o sionismo. Na Alemanha, rejeitaram publicamente a ideia de uma nação judaica e se proclamaram "alemães da fé de Moisés". Um dos primeiros atos dos reformistas alemães foi remover de seus rituais de reza quaisquer referências a um retorno a "Eretz Israel" ou à reconstrução de um Estado. De forma similar, já em 1869 os reformistas estadunidenses alegaram em uma de suas primeiras convenções que

> o objetivo messiânico de Israel [ou seja, do povo judeu] não é a restauração de um Estado judeu sob governo de um descendente de Davi, implicando uma segunda separação

---

* As citações dos reformistas apresentadas a seguir foram extraídas de uma avaliação de seu posicionamento, crítica e pró-sionista, mas ao mesmo tempo muito informativa, que inclui o documento na íntegra. Ver Ami Isseroff, "Opposition of Reform Judaism to Zionism: A History", 12 de agosto de 2005, disponível em: <zionism-israel.com>.

das nações da Terra, mas a união dos filhos de Deus na profissão de fé da unidade de Deus, de modo a concretizar a unidade de todas as criaturas racionais e seu chamado à santificação moral.

Em 1885, outra conferência reformista declarou: "Não nos consideramos mais uma nação, mas uma comunidade religiosa, e, portanto, não esperamos nem um retorno à Palestina, nem uma devoção sacrificial sob os filhos de Aarão, nem a restauração de qualquer lei referente ao Estado judeu".

Um famoso líder nesse aspecto foi o rabino Kaufman Kohler, que repudiava a ideia "de que a Judeia é o lar dos judeus — uma ideia que 'desresidencia' [sic] os judeus por toda a Terra". Outro líder do movimento no final do século XIX, Issac Mayer Wise, ridicularizou, em diversas ocasiões, líderes como Herzl, comparando-os aos alquimistas charlatães que diziam contribuir para a ciência. Em Viena, cidade de Herzl, Adolf Jellinek argumentou que o sionismo colocava em risco a situação dos judeus na Europa e alegou que a maioria deles era contrária à ideia. "Na Europa, estamos em casa", declarou.

Além dos reformistas, os judeus liberais da época rejeitavam a ideia de que o sionismo seria a única solução para o antissemitismo. Como Walter Lacquer nos mostra em seu livro, *The History of Zionism*, judeus liberais consideravam o sionismo um movimento extravagante que não oferecia respostas para os problemas dos judeus na Europa. Eles argumentavam em favor do que chamavam de "regeneração" dos judeus, que envolvia uma demonstração de total lealdade a suas pátrias e um desejo de serem totalmente assimilados enquanto cidadãos*. Eles esperavam que um mundo mais liberal pudesse resolver os problemas da perseguição e do antissemitismo. A história mostrou que o liberalismo havia salvado aqueles judeus que tinham se mudado para os, ou viviam nos, EUA e Reino Unido. Aqueles que acreditavam que isso poderia acontecer no resto da Europa estavam enganados, conforme se viu. Mas mesmo hoje, olhando em retrospecto, muitos judeus liberais não veem o sionismo como a resposta certa, seja para hoje ou para aquela época.

Judeus ortodoxos e socialistas começaram a manifestar suas críticas ao sionismo apenas no final dos anos 1890, quando o sionismo se tornou uma força política mais reconhecida graças ao trabalho diligente de Herzl. Herzl compreendia a política contemporânea e escreveu histórias utópicas, tratados políticos e matérias de jornal resumindo a ideia de que seria de interesse da Europa ajudar a construir um Estado judeu moderno na Palestina. Os líderes mundiais não se deixaram impressionar; tampouco os otomanos, que governavam a Palestina. A maior conquista de Herzl foi reunir todos os ativistas em uma conferência em 1897 e, a partir daí, construir duas organizações básicas: um congresso mundial para promover as ideias sionistas globalmente e unidades sionistas para expandir *in loco* a colonização dos judeus na Palestina.

Assim, com a consolidação das ideias sionistas, as críticas dos judeus que se opunham ao sionismo também se tornaram mais evidentes. Fora do movimento da Reforma, críticas surgiram na esquerda, entre líderes laicos de várias

---

* Walter Lacquer, *The History of Zionism*, Nova York: Tauris Park Paperback, 2003, pp. 338–98.

comunidades e junto aos judeus ortodoxos. Em 1897, mesmo ano em que a primeira conferência sionista foi convocada em Basel, um movimento socialista judaico nasceu na Rússia: o Bund. Era ao mesmo tempo um movimento político e um sindicato judeu. Os membros do Bund acreditavam que uma revolução socialista, ou mesmo bolchevique, seria uma solução muito melhor para os problemas dos judeus na Europa se comparada ao sionismo, que consideravam uma espécie de escapismo. Ainda mais relevante, quando o nazismo e o fascismo estavam em ascensão na Europa, os bundistas sentiam que o sionismo contribuía para esse ramo do antissemitismo ao pôr em dúvida a lealdade dos judeus à sua pátria. Mesmo após o Holocausto, os bundistas estavam convencidos de que os judeus deviam buscar espaço em sociedades que valorizassem os direitos humanos e civis, e não viam um Estado-nação judeu como panaceia. Essa forte convicção antissionista, contudo, foi perdendo força lentamente a partir da metade dos anos 1950, e os remanescentes do antes poderoso movimento Bund acabaram decidindo apoiar o Estado de Israel publicamente (eles tinham inclusive uma ramificação no Estado judeu)*.

A reação do Bund não atrapalhou tanto Herzl como a tépida resposta das elites política e econômica judaicas em lugares como Grã-Bretanha e França. Elas viam Herzl ou como um charlatão de ideias muito desconectadas da realidade, ou pior, como alguém que poderia sabotar a vida dos judeus dentro de sua própria sociedade onde, como na Grã--Bretanha, haviam progredido imensamente em termos de

---

* O trabalho mais recente sobre o movimento é Yoav Peled, *Class and Ethnicity in the Pale: The Political Economy of Jewish Workers' Nationalism in Late Imperial Russia*, Londres: St. Martin's Press, 1989.

emancipação e integração. Os judeus vitorianos ficaram incomodados com essa reivindicação de soberania judaica em uma terra estrangeira com status equivalente ao de outros Estados soberanos do mundo. Para os setores mais estabelecidos do judaísmo na Europa central e ocidental, o sionismo era uma visão provocadora que colocava em dúvida a lealdade dos judeus ingleses, alemães e franceses à sua própria nação de residência. Devido à falta de apoio a Herzl, o movimento sionista não conseguiu se tornar um agente poderoso até a Primeira Guerra Mundial. Somente após a morte de Herzl, em 1904, outros líderes do movimento — com destaque para Chaim Weizmann, que imigrou para a Grã-Bretanha neste mesmo ano e se tornou um cientista proeminente no país, contribuindo para os esforços de guerra britânicos durante a Primeira Guerra — construíram uma aliança sólida com Londres que renderia bons frutos ao sionismo, como descreveremos mais adiante neste capítulo*.

A terceira crítica ao sionismo em seus primeiros dias veio do *establishment* judeu ultraortodoxo. Até os dias de hoje, muitas comunidades de judeus ultraortodoxos se opõem veementemente ao sionismo, embora seu número seja muito menor do que era no final do século XIX; muitas delas se deslocaram para Israel e agora fazem parte de seu sistema político. Entretanto, como no passado, elas constituem outra maneira não sionista de ser judeu. Quando o sionismo apareceu pela primeira vez na Europa, muitos rabinos tradicionais chegaram a proibir seus seguidores de se envolverem do modo que fosse com os ativistas sionistas.

---

* M. W. Weisgal e J. Carmichael (eds.), *Chaim Weizmann: A Biography by Several Hands*, Nova York: Oxford University Press, 1963.

Eles consideravam que o sionismo interferia na vontade de Deus de manter os judeus exilados até a vinda do Messias, e rechaçavam totalmente a ideia de que os judeus deveriam fazer tudo o que pudessem para dar fim ao "Exílio". Ao invés disso, precisavam esperar Deus se manifestar sobre o assunto e, no meio tempo, praticar o modo de vida tradicional. Embora fosse permitido aos indivíduos estudar na Palestina e visitá-la em peregrinação, isso não devia ser interpretado como autorização para um movimento de massas. O grande rabino hassídico alemão de Dzikover resumiu essa posição com rispidez quando disse que o sionismo lhe pedia para substituir séculos de lei e sabedoria judaica por um pano, um chão e uma canção (no caso, uma bandeira, um território e um hino*).

Contudo, nem todos os principais rabinos se opunham ao sionismo. Havia um pequeno grupo de figuras bastante famosas e influentes, como os rabinos Al-Qalay, Gutmacher e Qalisher, que apoiava o programa sionista. Era uma minoria, mas, em retrospecto, o grupo foi importante para a implementação dos alicerces da ala nacionalista religiosa do sionismo. Suas acrobacias religiosas eram bem impressionantes. Na historiografia israelense, eles são chamados de "Pais do Sionismo Religioso". O Sionismo Religioso é um movimento muito importante no Israel contemporâneo, pois o país é o lar ideológico do movimento messiânico de assentamentos, Gush Emunim, que colonizou a Cisjordânia e a Faixa de Gaza de 1967 em diante. Esses rabinos não apenas conclamaram os judeus a deixar a Europa, mas também afirmaram que, para os judeus, colonizar a Palestina cultivando

---

* Elie Kedourie, *Nationalism*, Oxford: Blackwell, 1993, p. 70.

suas terras era não só uma obrigação nacionalista, mas também religiosa (não é de surpreender que os nativos da terra não figurem em seus escritos). Eles alegavam que esse ato não interferiria na vontade de Deus; pelo contrário, seria a realização das profecias dos profetas e promoveria a plena redenção do povo judeu e a vinda do Messias*. A maior parte dos homens proeminentes do judaísmo ortodoxo rejeitou esse plano e essa interpretação. Para eles, o sionismo era mais um assunto desagradável a ser combatido. O novo movimento não queria apenas colonizar a Palestina; também esperava secularizar o povo judeu, inventar o "novo judeu" em antítese aos judeus ortodoxos religiosos da Europa. Isso culminou na imagem de um novo judeu europeu que já não podia morar na Europa em razão do antissemitismo, mas precisava viver como europeu fora do continente. Assim, como muitos movimentos do período, o sionismo se redefiniu em termos nacionais — mas era radicalmente diferente, porque escolheu uma nova terra para sua conversão. O judeu ortodoxo era ridicularizado pelos sionistas, visto como um indivíduo que só poderia ser redimido pelo trabalho duro na Palestina. Essa transformação é lindamente descrita no romance utópico-futurista de Herzl, *Altnueland*, que conta a história de uma expedição de turistas alemães visitando o Estado judeu muito tempo após sua implementação**. Antes de chegar à Palestina, um dos turistas que havia se deparado com um jovem judeu ortodoxo mendigando, volta a se deparar com ele na Palestina, onde agora é secular, instruído e extremamente rico e feliz.

---

* Shlomo Avineri, *The Making of Modern Zionism: Intellectual Origins of the Jewish State*, Nova York: Basic Books, 1981, pp. 187–209.
** O livro pode ser baixado de graça em jewishvirtuallibrary.org.

O papel da Bíblia na vida judaica é outra diferença evidente entre o judaísmo e o sionismo. No mundo judeu pré-sionista, a Bíblia não era ensinada como um texto singular dotado de qualquer conotação política, ou mesmo nacional, nos muitos centros de ensino judaicos na Europa ou no mundo árabe. Os rabinos mais proeminentes tratavam a história política contida na Bíblia — e a ideia de soberania dos judeus na terra de Israel — como tópicos marginais no seu mundo espiritual de aprendizado. Estavam muito mais preocupados, como também estava o judaísmo em geral, com os escritos sagrados que focavam na relação entre os crentes, e em particular em suas relações com Deus.

De Os Amantes de Sião em 1882 aos líderes sionistas às vésperas da Primeira Guerra Mundial, que pediram o apoio da Grã-Bretanha em sua reivindicação da Palestina, referências à Bíblia foram bem comuns. Ao buscar seus próprios interesses, os líderes sionistas desafiaram os fundamentos das interpretações bíblicas tradicionais. Os Amantes de Sião, por exemplo, liam a Bíblia como a história de uma nação judaica nascida na terra da Palestina, oprimida e exilada no Egito a mando do regime canaanita e que, mais tarde, retornou à sua terra para libertá-la sob a liderança de Josué. A interpretação tradicional, em contraste, não foca na narrativa de uma nação e sua pátria, mas na história da descoberta de um deus monoteísta por Abraão e sua família. A maioria dos leitores deve estar familiarizada com essa narrativa convencional dos abraâmicos que descobrem Deus e, após provações e tribulações, acabam no Egito* — algo difícil de interpretar como a história

---

* Ver Eliezer Shweid, *Homeland and the Promised Land*, Tel Aviv: Am Oved, 1979, p. 218 (em hebraico).

de uma nação oprimida envolvida em um esforço de libertação. Entretanto, foi esta última a interpretação preferida pelos sionistas, e ela segue em voga no Israel de hoje.

Um dos usos mais intrigantes da Bíblia pelo sionismo é aquele praticado pela ala socialista do movimento. A fusão entre socialismo e sionismo começou a ganhar importância após a morte de Herzl em 1904, quando as várias facções socialistas se tornaram os partidos predominantes dentro do movimento sionista internacional e na Palestina. Para os socialistas, como disse um deles, a Bíblia fornecia "o mito do nosso direito sobre a terra*". Era na Bíblia que liam histórias sobre fazendeiros, pastores, reis e guerras hebraicas, das quais se apropriaram enquanto descrições de uma antiga era de ouro do nascimento de sua nação. Voltar àquela terra significaria voltar a ser fazendeiro, pastor e rei. Assim, eles se viram confrontados com um paradoxo desafiador, pois queriam ao mesmo tempo secularizar a vida judaica e usar a Bíblia como justificativa para colonizar a Palestina. Em outras palavras, mesmo que não acreditassem em Deus, Ele lhes havia prometido a Palestina.

Para muitos líderes sionistas, a referência bíblica à terra da Palestina era apenas um meio para atingir seus fins, e não a essência do sionismo. Isso fica especialmente claro nos textos escritos por Theodor Herzl. Em um famoso artigo para o *The Jewish Chronicle* (10 de julho de 1896), ele apontou a Bíblia como alicerce para a reivindicação da Palestina pelos judeus, mas manifestou seu desejo de que o futuro Estado judaico fosse conduzido de acordo com as filosofias moral e

---

*   Micha Yosef Berdichevsky, "On Both Sides", citado em Asaf Sagiv, "The Fathers of Zionism and the Myth of the Birth of the Nation", *Techelt* 5 (1998), p. 93 (em hebraico).

política europeias de seu tempo. É provável que Herzl fosse mais secularista que o grupo de líderes que o sucedeu. Esse profeta do movimento cogitou a sério alternativas à Palestina, como Uganda, enquanto terra prometida de Sião. Ele também olhou para outros destinos no norte e sul da América e no Azerbaijão*. Com a morte de Herzl e a ascensão de seus sucessores, o sionismo se estabeleceu na Palestina e a Bíblia se tornou ainda mais relevante enquanto prova do direito divino dos judeus sobre aquelas terras.

A consolidação da Palestina como único território onde o sionismo poderia ser implementado foi reforçada após 1904 pelo poder crescente do sionismo cristão na Grã-Bretanha e na Europa. Teólogos que estudavam a Bíblia e arqueólogos evangélicos que escavaram "a Terra Santa" acolheram o assentamento de judeus como a confirmação de sua crença religiosa segundo a qual o "retorno judaico" desencadearia a concretização da promessa divina do fim dos tempos. O retorno dos judeus predizia o retorno do Messias e a ressureição dos mortos. Para o projeto sionista de colonização da Palestina, essa crença religiosa esotérica foi muito conveniente**. No entanto, por trás dessas visões religiosas havia sentimentos antissemitas clássicos. Empurrar as comunidades judaicas para a Palestina, afinal, era mais que um imperativo religioso; auxiliava também a criação de uma Europa sem judeus. Portanto, havia um duplo ganho: livrar-se dos

---

* Um bom debate sobre essas opções pode ser encontrado em Adam Rovner, *In the Shadow of Zion: Promised Lands Before Israel*, Nova York: NYU Press, 2014.
** Um excelente resumo desse argumento, com as referências adequadas, pode ser encontrado no artigo de Stephen Sizer "The Road to Balfour: The History of Christian Zionism", disponível em: <balfourproject.org>.

judeus na Europa e, ao mesmo tempo, cumprir o esquema divino segundo o qual a Segunda Vinda se daria com o retorno dos judeus à Palestina (e sua subsequente conversão ao cristianismo, ou sua queima no inferno em caso de recusa). Daquele momento em diante, a Bíblia se tornou uma justificativa e um mapa para a colonização da Palestina pelos sionistas. Historicamente, a Bíblia foi conveniente para o sionismo desde seu surgimento até a criação de Israel em 1948. Ela desempenhou um papel importante para a narrativa israelense dominante — tanto para propósitos domésticos como externos —, segundo a qual Israel era a mesma terra prometida a Abraão por Deus na Bíblia. De acordo com essa narrativa, "Israel" existiu até o ano 70, quando os romanos a demoliram e exilaram sua população. A celebração religiosa da data em que o segundo Templo em Jerusalém foi destruído era um dia de luto. Em Israel, tornou-se um feriado nacional de luto quando todos os empreendimentos do setor de lazer, incluindo restaurantes, são obrigados a fechar na noite que antecede à data.

A principal prova acadêmica e secular dessa narrativa foi fornecida em anos recentes pela chamada arqueologia bíblica (em si um conceito oximoro, pois a Bíblia é um grande trabalho literário, escrito por muitas pessoas em diferentes períodos, e não exatamente um texto histórico*). Após o ano 70, segundo a narrativa, a terra palestina ficou mais ou menos vazia até o retorno sionista. No entanto, sionistas proeminentes sabiam que não bastaria apelar à autoridade bíblica. Colonizar as terras já habitadas da Palestina exigiria uma política sistemática de assentamento, expropriação

---

* Ingrid Hjelm e Thomas Thompson (eds.), *History, Archaeology and the Bible, Forty Years after "Historicity"*, Londres e Nova York: Routledge, 2016.

e até mesmo de limpeza étnica. Nesse sentido, retratar a expropriação da Palestina como cumprimento de um esquema divino cristão foi um recurso inestimável para galvanizar o apoio cristão global ao sionismo.

Como vimos, depois que todas as outras opções territoriais foram descartadas e o sionismo focou no reclame da Palestina, a geração de líderes que sucedeu os pioneiros começou a injetar ideologia socialista, e até mesmo marxista, no crescente movimento secular. O objetivo agora era estabelecer (com a ajuda de Deus) um projeto judeu secular, socialista e colonialista na Terra Santa. Como os nativos colonizados logo aprenderam, seu destino final já estava selado independentemente de os colonos trazerem consigo a Bíblia, os escritos de Marx ou os tratados do Iluminismo europeu. O que importava era se, ou como, eles seriam incluídos na visão de futuro dos colonos. Sendo assim, é revelador que os nativos aparecessem nos registros obsessivos mantidos pelos líderes e colonos pioneiros como obstáculos, forasteiros e inimigos, pouco importando quem eles eram ou quais eram seus próprios anseios*.

Os primeiros comentários antiárabes desses registros foram escritos quando os palestinos ainda eram anfitriões dos colonos, que rumavam a antigas colônias ou se instalavam nas cidades. Suas queixas partiam de suas experiências formativas enquanto buscavam trabalho e meios de subsistência. Esse dilema parecia afetar todos eles, pouco importando se seguiam para as antigas colônias ou tentavam a sorte nos vilarejos. Onde quer que estivessem, precisavam trabalhar

---

* Ilan Pappe, "Shtetl Colonialism: First and Last Impressions of Indigeneity by Colonised Colonisers", *Settler Colonial Studies*, 2:1, 2012, pp. 39-58.

ombro a ombro com fazendeiros ou trabalhadores palestinos para sobreviver. Com esse contato íntimo, mesmo os colonos mais ignorantes e insolentes perceberam que a Palestina era um país de paisagem humana totalmente árabe.

David Ben-Gurion, líder da comunidade judaica durante o período do Mandato Britânico e primeiro primeiro-ministro de Israel, descreveu os trabalhadores e fazendeiros palestinos como *beit mihush* ("um viveiro infestado de dor"). Outros colonos referiam-se aos palestinos como forasteiros ou estranhos. "As pessoas daqui nos parecem mais estranhas do que os camponeses russos ou poloneses", escreveu um deles, e acrescentou: "Não temos nada em comum com a maioria das pessoas que vivem aqui*". Eles ficaram surpresos meramente por encontrar gente na Palestina, uma terra que esperavam estar vazia, conforme lhes haviam dito. "Senti repulsa ao descobrir que em Hadera [colônia sionista pioneira construída em 1882] parte das casas era ocupada por árabes", observou um colono, enquanto outro escreveu para a Polônia dizendo que ficou chocado ao ver muitos homens, mulheres e crianças árabes atravessando Rishon LiZion (outra colônia de 1882**).

Como o país não estava vazio, e era preciso lidar com a presença dos nativos, convinha ter Deus ao seu lado — mesmo que você fosse ateu. Tanto David Ben-Gurion como seu colega e amigo próximo Yitzhak Ben-Zvi (que liderou as facções socialistas do sionismo na Palestina ao lado de

---

* Moshe Bellinson, "Rebelling Against Reality", in: *The Book of the Second Aliya*, Tel Aviv: Am Oved, 1947 (em hebraico), p. 48. Esse livro é a compilação mais extensa já publicada de diários, cartas e artigos da Segunda Aliyah.
** Yona Hurewitz, "From Kibush Ha-Avoda to Settlement", in: *The Book of the Second Aliya*, ibid., p. 210.

Ben-Gurion e, mais tarde, tornou-se o segundo presidente de Israel) usaram a promessa bíblica como justificativa principal para a colonização da Palestina. Também fizeram isso os ideólogos posteriores a eles no Partido Trabalhista durante os anos 1970 e, mais tarde, o "biblismo" secular e bastante superficial do partido Likud e suas dissidências de anos recentes.

A interpretação da Bíblia como justificativa divina para o sionismo ajudou os socialistas a reconciliarem sua adesão aos valores universais de solidariedade e igualdade com o projeto colonial de expropriação. De fato, como a colonização era o objetivo principal do sionismo, precisamos nos perguntar que tipo de socialismo era esse. Afinal de contas, na memória coletiva de muitos, o período de ouro do sionismo é associado a uma vida coletivista e igualitária incorporada pelos *kibutzim*. Esse modo de vida perdurou por muito tempo após a fundação de Israel e atraiu jovens do mundo todo, que foram até lá como voluntários para vivenciar o comunismo em sua forma mais pura. Muito poucos entendiam, ou poderiam saber, que a maior parte do sistema de *kibutzim* foi construída sobre vilarejos palestinos destruídos, cujas populações foram expulsas em 1948. Como justificativa, os sionistas alegavam que aqueles vilarejos eram antigas localidades judaicas mencionadas na Bíblia e, portanto, sua apropriação não seria uma ocupação, mas uma libertação. Um comitê especial de "arqueólogos bíblicos" adentrava uma vila deserta e determinava qual era o seu nome nos tempos bíblicos. Agentes enérgicos do Fundo Nacional Judaico estabeleciam então o assentamento com seu nome recém-resgatado[*]. Um

---

[*] Ilan Pappe, "The Bible in the Service of Zionism", in: Hjelm and Thompson, *History, Archaeology and the Bible*, pp. 205–18.

método semelhante foi usado após 1967 pelo então ministro do trabalho, Yigal Alon, um socialista secular judeu, para construir uma nova cidade perto de Hebron, já que ela "pertencia" ao povo judeu, de acordo com a Bíblia.

Alguns estudiosos israelenses críticos à prática, sendo os mais notórios Gershon Shafir e Zeev Sternhell (e também o acadêmico estadunidense Zachary Lockman), explicaram como a apropriação colonial de terras maculou a suposta era dourada do socialismo sionista. Como mostram esses historiadores, o socialismo dentro do sionismo, enquanto práxis e modo de vida, era sempre uma versão limitada e condicionada da ideologia universal. Os valores e aspirações universais que caracterizavam os muitos movimentos ideológicos da esquerda ocidental foram nacionalizados ou sionizados desde muito cedo na Palestina. Não é de impressionar, portanto, que o socialismo tenha deixado de ser atraente para as gerações seguintes de colonos*.

Ainda assim, a religião permaneceu um aspecto importante do processo mesmo após as terras terem sido tiradas dos palestinos. Em seu nome, podia-se evocar e asseverar um direito moral ancestral sobre a Palestina que desafiava quaisquer outras reivindicações externas à terra durante o período de agonia do imperialismo. Esse direito também suplantava as reivindicações morais da população nativa. Um dos projetos colonialistas mais socialistas e seculares do século XX exigia exclusividade em nome de uma promessa puramente divina. O respaldo dos textos sagrados foi muito valioso para

---

* Para uma discussão sobre esses trabalhos e a inserção inicial do paradigma colonialista nas pesquisas sobre o sionismo, ver Uri Ram, "The Colonisation Perspective in Israeli Sociology", in: Ilan Pappe (ed.), *The Israel/Palestine Question*, Londres e Nova York: Routledge, 1999, pp. 53–77.

os colonos sionistas, e extremamente custoso para a população local. O último livro do brilhante Michael Prior, já falecido, *The Bible and Colonialism*, mostrou que, ao redor do mundo, verificaram-se projetos semelhantes que tinham muito em comum com a colonização da Palestina*.

Após a ocupação da Cisjordânia e da Faixa de Gaza por Israel em 1967, a Bíblia continuou sendo utilizada para propósitos semelhantes. Já mencionei Yigal Allon, que usou a Bíblia para justificar a construção de uma cidade judaica, Qiryat Arba, em terras expropriadas do povo de Hebron, cidade palestina vizinha. Qiryat Arba logo se tornou terra fértil para aqueles que levavam a Bíblia ainda mais a sério, como um guia de ações. Eles escolheram de forma seletiva os capítulos e frases bíblicos que, aos seus olhos, justificavam a expropriação dos palestinos. Com o passar dos anos, conforme a ocupação persistia, persistia também o regime de brutalidade contra os destituídos. Esse processo de legitimação política a partir de um texto sagrado pode desaguar em um fanatismo perigoso. A Bíblia, por exemplo, traz referências a genocídios: os amalequitas foram assassinados até o último indivíduo por Josué. Hoje existem aqueles (por enquanto apenas uma minoria fanática, felizmente) que se referem aos palestinos — e a todos os que, ao seu ver, não são judeus o suficiente — como amalequitas**.

Referências semelhantes ao genocídio em nome de Deus aparecem na Hagadá judaica para o Pesach. Sem dúvi-

---

* Michael Prior, *The Bible and Colonialism: A Moral Critique*, Londres: Bloomsbury, 1997.
** Essas questões são debatidas com profundidade em um excelente livro que, por infortúnio, só está disponível em hebraico: Sefi Rachlevsky, *The Messiah's Donkey*, Tel Aviv: Yeditot Achronot, 1998.

da, a história principal do Sêder de Pessach — em que Deus envia Moisés e os israelitas a uma terra habitada por outros para que a usem como julgarem melhor — não é uma questão imperativa para a grande maioria dos judeus. Trata-se de um texto literário, não de um manual de guerra. Entretanto, ele pode ser explorado pela nova corrente de pensamento messiânico judaico, como ocorreu no assassinato de Yitzhak Rabin, em 1995, e no verão de 2015, quando foram queimados vivos um adolescente e, em um segundo incidente, um casal e seu bebê. A nova Ministra da Justiça de Israel, Ayelet Shaked, expôs ideias semelhantes, embora até aqui só as tenha aplicado aos palestinos que morreram tentando resistir a Israel: a família inteira, ela disse, deveria "seguir seus filhos, nada seria mais justo. Deveriam desaparecer, assim como as residências físicas onde criaram as cobras. Do contrário, novas cobrinhas serão criadas ali*". Por ora, isso é apenas um alerta para o futuro. Desde 1882, como vimos, a Bíblia tem sido usada como justificativa para a expropriação. No entanto, nos primeiros anos do Estado de Israel, de 1948 a 1967, as referências bíblicas diminuíram e passaram a ser empregadas apenas nas bandas da extrema-direita do movimento sionista, que a usavam para justificar seu entendimento de que os palestinos seriam subumanos e eternos inimigos do povo judeu. Após a ocupação da Cisjordânia e da Faixa de Gaza em 1967, esses judeus messiânicos e fundamentalistas, criados dentro do Partido Nacional Religioso, o MAFDAL, agarraram a oportunidade de converter suas alucinações em ações concretas. Eles se instalaram em todos

---

* O comentário figurou de sua página do Facebook em 1º de julho de 2014, e foi amplamente citado na imprensa israelense.

os cantos dos territórios recém-ocupados, tivessem ou não consentimento do governo. Criaram bolsões de vida judaica dentro do território palestino e começaram a se comportar como se todo ele lhes pertencesse.

As facções mais militantes do Gush Emunim, o movimento de assentamentos pós-1967, tiraram vantagem das circunstâncias muito particulares criadas pelo governo israelense na Cisjordânia e na Faixa de Gaza e levaram ao extremo sua licença para expropriar e abusar em nome dos textos sagrados. A lei israelense não valia nos territórios ocupados, onde vigoravam regulações militares emergenciais. No entanto, esse regime legal militar não valia para os colonos, que ficaram de muitas formas imunes às sanções de ambos sistemas legais. Sua instalação forçada em bairros palestinos de Hebron e Jerusalém, a derrubada de pés de oliveira e o incêndio criminoso de campos de cultivo palestinos eram todos justificados como parte do dever divino de ocupar "Eretz Israel".

Mas a interpretação violenta da mensagem bíblica pelos colonos não valia apenas para os territórios ocupados. Elas começaram a abrir caminho no coração de cidades de convivência árabe-judaica em Israel, como Acre, Jaffa e Ramleh, para perturbar o delicado modo de vida que havia prevalecido ali durante anos. A migração de colonos para esses pontos sensíveis internos às fronteiras israelenses pré-1967 foi capaz de sabotar, em nome da Bíblia, as relações já hostis entre o Estado judeu e sua minoria palestina.

A justificativa final oferecida para o reclame sionista da Terra Santa, como determinado pela Bíblia, foi a necessidade de um porto seguro para os judeus do mundo todo, sobretudo após o Holocausto. Contudo, mesmo que a alegação fosse verídica, talvez fosse possível encontrar uma solução que não se restringisse ao mapa bíblico e não envolvesse a expropriação dos palestinos. Essa posição ganhou voz em uma porção de personalidades bem conhecidas, como Mahatma Gandhi e Nelson Mandela. Eles insinuaram que o melhor seria pedir aos palestinos que propiciassem um porto seguro para os judeus perseguidos em conjunto com a população nativa, e não em detrimento dela. Mas o movimento sionista considerava essa hipótese uma heresia.

A diferença entre se instalar ao lado do povo nativo e simplesmente expulsá-lo foi reconhecida por Mahatma Gandhi quando o filósofo judeu Martin Buber pediu que ele demonstrasse apoio ao projeto sionista. Em 1938, Ben-Gurion havia pedido a Buber que pressionasse diversas figuras famosas e de grande reputação moral para que manifestassem apoio público ao sionismo. Eles sentiam que a aprovação de Gandhi, enquanto líder de uma batalha nacional não violenta contra o imperialismo, seria especialmente útil, e estavam dispostos a explorar seu respeito por Buber para conseguir isso. O principal depoimento de Gandhi sobre a Palestina e a questão judaica apareceu no editorial que escreveu para o *Harijan* em 11 de novembro de 1938, em meio a uma grande rebelião dos nativos da Palestina contra as políticas pró-sionistas do governo britânico, e teve grande circulação. Gandhi abriu o artigo dizendo que tinha total empatia pelos judeus, povo que havia sido submetido durante séculos a tratamentos desumanos e perseguições. Mas, ele acrescentou,

> minha empatia não me cega para a exigência de justiça. O clamor por um lar nacional para os judeus não tem muito apelo para mim. Buscam sancioná-lo com base na Bíblia e na te-

nacidade com que os judeus almejaram esse objetivo após retornarem à Palestina. Por que não deveriam, como qualquer outro povo da Terra, fazer daquele país sua casa, onde nascem e onde ganham seu pão*?

Gandhi questiona então a própria lógica fundacional do sionismo político, rejeitando a ideia de um Estado judeu na terra prometida ao apontar que "a concepção bíblica da Palestina não é um tratado geográfico". Portanto, Gandhi desaprovava o projeto sionista por razões tanto políticas como religiosas. O endosso desse projeto pelo governo britânico só serviu para afastá-lo ainda mais da causa. Ele não tinha dúvidas sobre a quem pertencia a Palestina:

> A Palestina pertence aos árabes da mesma forma que a Inglaterra pertence aos ingleses ou a França aos franceses. É errado e desumano impor os judeus aos árabes [...] Seria sem dúvida um crime contra a humanidade suprimir a dignidade dos árabes para que a Palestina seja devolvida aos judeus, parcial ou totalmente, como seu território nacional**.

A resposta de Gandhi à questão palestina contém diferentes camadas de sentido, que vão desde uma posição ética até o realismo político. O interessante é que, ao mesmo

---

* Citado em Jonathan K. Crane, "Faltering Dialogue? Religious Rhetoric of Mohandas Ghandi and Martin Buber", *Anaskati Darshan*, 3:1 (2007), pp. 34–52. Ver também A. K. Ramakrishnan, "Mahatma Ghandi Rejected Zionism", *The Wisdom Fund*, 15 de agosto de 2001, em twf.org.

** Citado em Avner Falk, "Buber and Ghandi", *Ghandi Marg*, ano 7, outubro de 1963, p. 2. Muitos sites, como o Ghandi Archives, também apresentam o diálogo completo.

tempo em que acreditava firmemente na indissociabilidade entre política e religião, Gandhi rejeitou com consistência e veemência o nacionalismo cultural e religioso do sionismo. Uma justificativa religiosa para reivindicar um Estado-nação não lhe parecia cabível em nenhum sentido substancial. Buber respondeu ao artigo com uma tentativa de justificar o sionismo, mas ao que parece Gandhi já estava cansado e a correspondência entre os dois cessou.

De fato, o espaço que o movimento sionista reivindicava para si não era determinado pela necessidade de resgatar judeus perseguidos, mas pelo desejo de tomar a maior parte possível do território palestino com o menor número de habitantes que conseguissem. Estudiosos judeus seculares e austeros tentaram manter uma posição "científica" ao traduzirem uma promessa vaga do passado ancestral em um fato presente. O projeto já havia sido iniciado pelo principal historiador da comunidade judaica na Palestina do Mandato Britânico, Ben-Zion Dinaburg (Dinur), e seguiu firme após a criação do Estado em 1948. Seus produtos finais são bem representados na citação do site do Ministério de Relações Exteriores israelense reproduzida no capítulo 1. A tarefa de Dinur nos anos 1930, e de todos os seus sucessores desde então, era provar cientificamente que houvera uma presença judaica na Palestina desde os tempos romanos.

Não que alguém duvidasse disso. Apesar de as evidências históricas de que os judeus que moravam na Palestina do século XVIII rechaçassem a ideia de um Estado judeu, assim como os judeus ortodoxos do final do século XIX, esse dado foi rejeitado sem remorso no século XX. Dinur e seus colegas exploraram a estatística de que os judeus representavam mais de 2 por cento da população palestina do século XVIII para provar a validade da promessa bíblica e da reivindicação moderna da Palestina pelos sionistas*. Essa narrativa se tornou a versão padrão e amplamente aceita da história. Um dos professores de história mais distintos da Grã-Bretanha, Sir Martin Gilbert, produziu muitos anos atrás o *Atlas of the Arab-Israeli Conflict*, cujas muitas edições foram publicadas pela Oxford University Press**. O *Atlas* começa com a história do conflito em tempos bíblicos, dando por certo que o território era um reino judaico para onde os judeus retornaram após dois mil anos de exílio. Os mapas do início contam a história inteira: o primeiro mostra a Palestina bíblica; o segundo, a Palestina sob os romanos; o terceiro, a Palestina no tempo das cruzadas; e o quarto, a Palestina em 1882. Ou seja, nada de importante aconteceu entre a era medieval e a chegada dos primeiros sionistas. A Palestina só é digna de nota quando há estrangeiros — romanos, cruzados, sionistas — nela.

Os textos didáticos israelenses de hoje oferecem a mesma mensagem de direito à terra baseado em uma promessa bíblica. De acordo com uma carta enviada pelo Ministério da Educação em 2014 a todas as escolas de Israel "a Bíblia fornece a infraestrutura cultural do Estado de Israel, nela se ancora o nosso direito à terra***". Hoje os estudos bíblicos são um componente crucial e expandido do currículo, com foco

---

* *The People of Israel in their Land: From the Beginning of Israel to the Babylonian Exile* foi publicado em hebraico em 1936, e um segundo volume, *Israel in Exile*, em 1946.

** Martin Gilbert, *Atlas of the Arab-Israeli Conflict*, Oxford: Oxford University Press, 1993.

*** A carta está disponível no site do Ministério, com data de 29 de novembro de 2014.

especial à Bíblia enquanto registro de uma história ancestral que justifica a reivindicação territorial. As histórias bíblicas e as lições nacionais que podem ser aprendidas a partir delas se mesclam ao estudo do Holocausto e da criação do Estado de Israel em 1948. Há uma ligação direta entre essa carta de 2014 e as evidências apresentadas por David Ben-Gurion em 1937 à Comissão Real Peel (o grupo de inquérito britânico montado para tentar encontrar uma solução para o conflito iminente). Nas discussões públicas acerca do futuro da Palestina, Ben-Gurion brandia um exemplar da Bíblia para os membros do comitê, gritando: "Este é o nosso *Qushan* [a prova de registro de terras otomana], nosso direito à Palestina não vem de um tabelionato, a Bíblia é o nosso tabelião*".

Historicamente, é óbvio, não há sentido em ensinar a Bíblia, os acontecimentos com os judeus da Europa e a guerra de 1948 como um mesmo capítulo histórico. Todavia, sob o viés ideológico, os três tópicos são interligados e doutrinados como a principal justificativa para o Estado judeu em nossos tempos. Essa discussão sobre o papel da Bíblia hoje em Israel nos leva à próxima questão: o sionismo é um movimento colonialista?

---

* Tom Segev, *One Palestine, Complete*, Londres: Abacus, 2001, p. 401.

4
Sionismo não é colonialismo

A terra da Palestina não estava vazia quando os primeiros colonos sionistas chegaram lá em 1882. Esse fato era conhecido pelos líderes sionistas mesmo antes da chegada dos primeiros colonos judeus. Uma delegação enviada à região pelas primeiras organizações sionistas relatou aos seus colegas: "A noiva é linda, mas está casada com outro homem*". Entretanto, chegando lá, os primeiros colonos ficaram surpresos ao se deparar com os habitantes locais, que viam como invasores e forasteiros. Para eles, os palestinos nativos haviam usurpado sua pátria. Eles haviam escutado de seus líderes que os habitantes locais não eram nativos e portanto não tinham direito sobre a terra. Pelo contrário, eram um problema que precisavam — e podiam — resolver.

Esse enigma não era único: o sionismo era um movimento colonialista de povoamento, semelhante aos movimentos europeus que tinham colonizado as Américas, a África do Sul, a Austrália e a Nova Zelândia. A colonização de povoamento difere da colonização clássica em três aspectos. O primeiro é que as colônias de povoamento dependem dos impérios para sobreviver apenas no início e por um perío-

---

* Benjamin Beit-Hallahmi, *Original Sins: Reflections on the History of Zionism and Israel*, Londres: Palgrave Macmillan, 1992, p. 74.

do limitado. De fato, em muitos casos (como na Palestina e na África do Sul), os colonos não pertencem à nação da potência imperial que fornece apoio inicial. Na maioria das vezes essas colônias acabam se separando dos impérios, redefinindo-se como uma nova nação, às vezes através de uma luta de libertação contra o próprio império que as sustentava (como aconteceu durante a Revolução Estadunidense, por exemplo). A segunda diferença é que a colonização de povoamento é motivada pelo desejo de tomar terras em um país estrangeiro, enquanto a colonização clássica almeja os recursos naturais de suas novas posses geográficas. A terceira diferença diz respeito à maneira como tratam o novo destino de instalação. Ao contrário dos projetos coloniais convencionais, conduzidos a serviço de um império ou país matriz, os colonos eram uma espécie de refugiados que buscavam não só uma casa, mas uma pátria. O problema é que as novas "pátrias" já eram habitadas por outras pessoas. Em resposta, as comunidades de colonos argumentavam que a nova terra era sua por direito divino ou moral, mesmo quando, em casos distintos do sionismo, não alegassem ter vivido ali milhares de anos antes. Em muitos casos, o método aceito para transpor esses obstáculos era o genocídio dos nativos locais*.

Um dos principais acadêmicos estudiosos da colonização de povoamento, Patrick Wolfe, argumenta que esses projetos coloniais eram motivados pelo que ele chama de "lógica da eliminação". Isso significa que os assentados desenvolviam as justificativas morais e os meios práticos necessários para a remoção dos nativos. Como indica Wolfe, algumas

---

* Patrick Wolfe, "Settler Colonialism and the Logic of Elimination of the Native", *Journal of Genocide Research*, 8:4, 2006, pp. 387–409.

vezes essa lógica envolveu genocídios de fato, e, em outras, a limpeza étnica ou um regime opressivo que negasse quaisquer direitos aos nativos*. Eu acrescentaria que havia outra lógica que permeava a lógica da eliminação: a da desumanização. Sendo você mesmo vítima de perseguição na Europa, era preciso primeiro desumanizar toda uma nação ou sociedade autóctone antes de estar disposto a fazer o mesmo, ou coisa pior, a outros humanos.

Como resultado dessa lógica dupla, nações e civilizações inteiras foram varridas pelos movimentos colonialistas de povoamento nas Américas. Os indígenas americanos, no sul e no norte, foram massacrados, convertidos a força ao cristianismo e, por fim, confinados em reservas. Um destino semelhante aguardava os aborígenes na Austrália e, em menor medida, os maoris na Nova Zelândia. Na África do Sul, esses processos resultaram na imposição de um sistema de apartheid aos povos locais, enquanto um sistema mais complexo foi imposto aos argelinos durante cerca de um século.

O sionismo, portanto, não é *sui generis*, mas exemplo de um processo mais amplo. Isso é relevante não apenas para o modo como entendemos as maquinações do projeto colonial, mas também para a nossa interpretação da resistência palestina a ele. Se alegarmos que a Palestina era uma terra sem povo esperando pelo povo sem terra, os palestinos ficam sem nenhum argumento para se protegerem. Todos os seus esforços para conservar a própria terra seriam um ato injustificado de violência contra seus donos por direito. Desse modo, é difícil separar a discussão do sionismo como colonialismo da questão dos palestinos como povo

---

* Ibid.

nativo colonizado. Os dois argumentos estão conectados na mesma análise.

A narrativa oficial ou mitologia fundacional israelense se recusa a conceder aos palestinos sequer um direito moral módico de resistir à colonização de sua pátria pelos judeus iniciada em 1882. Desde o princípio, a resistência palestina foi retratada como um ato de ódio contra os judeus. Ela era acusada de promover uma versátil campanha antissemita de terrorismo, iniciada com a chegada dos primeiros colonos e mantida até a criação do Estado de Israel. Os diários dos primeiros sionistas contam uma história diferente. Eles estão repletos de anedotas que revelam como os colonos eram bem recebidos pelos palestinos, que lhes ofereciam abrigo e, em muitos casos, ensinavam-lhes a cultivar a terra*. Apenas quando se tornou evidente que os colonos não estavam lá para viver ao lado da população nativa, mas em seu lugar, teve início a resistência palestina. E quando começou, ela logo assumiu a mesma forma de qualquer outro embate anticolonialista.

A ideia de que os judeus empobrecidos tinham direito a um porto seguro não era alvo de objeção dos palestinos e de seus apoiadores. No entanto, esse sentimento não encontrava reciprocidade por parte dos líderes sionistas. Enquanto os palestinos ofereceram abrigo e emprego aos colonos pioneiros e não objetaram em trabalhar lado a lado com eles independentemente da posse da terra, os ideólogos sionistas foram muito enfáticos acerca da necessidade de enxotar os palestinos do mercado de trabalho do país e impor sanções aos colonos que ainda empregavam palestinos ou trabalhavam com eles. Essa era a ideia do *avoda ivrit*, trabalho hebraico,

---

* Ver Ilan Pappe, "Shtetl Colonialism", op. cit.

que implicava sobretudo a necessidade de dar fim ao *avoda aravit*, trabalho árabe. Gershon Shafir, em sua obra seminal sobre a Segunda Aliyah, a segunda onda de imigração sionista (1904-14), explica bem como essa ideologia foi desenvolvida e posta em prática*. O líder dessa onda, David Ben-Gurion (que se tornou o líder da comunidade e, mais tarde, primeiro-ministro de Israel), referia-se constantemente ao trabalho árabe como uma doença que só poderia ser curada pelo trabalho judeu. Em cartas dele e de outros colonos, trabalhadores hebreus são caracterizados como o sangue saudável que imunizaria a nação contra a morte e a podridão. Ben-Gurion também observou que dar emprego aos "árabes" lembrava-o da velha história judaica do homem estúpido devorado pelo leão morto que ressuscitou**.

A reação inicial dos palestinos confundiu alguns dos colonos durante o período de governo britânico (1918-48). O impulso colonialista era de ignorar a população nativa e criar comunidades fechadas. No entanto, a vida ofereceu outras oportunidades. Há muitas evidências de coexistência e cooperação entre os judeus recém-chegados e a população nativa em quase todos os lugares. Os colonos judeus, especialmente nos centros urbanos, não poderiam sobreviver sem se envolver, ao menos em termos econômicos, com os palestinos. Apesar das muitas tentativas das lideranças sionistas de acabar com essas interações, centenas de empreendimentos conjuntos surgiram ao longo daqueles anos, em paralelo à cooperação sindical e a colaboração agrícola. Mas

---

* Para uma discussão dessas obras e a introdução inicial do paradigma colonialista nas pesquisas sobre o sionismo, ver Ram, "The Colonisation Perspective in Israeli Sociology" , in: Pappe (ed.), *The Israel/Palestine Question*.
** Natan Hofshi, "A Pact with the Land", in: *The Book of the Second Aliya*, p. 239.

sem apoio político vindo de cima, isso não pôde oferecer a alternativa de uma realidade diferente na Palestina*.

Ao mesmo tempo, os líderes políticos da Palestina foram se tornando mais hostis a essas iniciativas conjuntas conforme o movimento sionista se mostrava mais agressivo. A lenta compreensão entre a elite política, social e cultural dos palestinos de que o sionismo era um projeto colonialista fortaleceu a identidade nacional comum em oposição aos colonos. E por fim as camadas superiores da sociedade palestina também pressionaram pelo término da cooperação e interação entre nativos e colonos. O movimento político palestino levou tempo para emergir, desenvolvendo-se a partir de um pequeno grupo, a Sociedade Cristã-Muçulmana, em diversas cidades palestinas. Os princípios-guia da Sociedade eram primordialmente modernos e seculares, somando-se ao duplo interesse do mundo árabe em geral: uma visão pan-arabista combinada a um patriotismo local que se tornou ainda mais forte após a Segunda Guerra Mundial.

A primeira erupção do nacionalismo pan-arabista havia ocorrido na segunda metade do século XIX. Ela trouxe consigo a esperança de transformar o mundo otomano em uma república árabe independente, um pouco como os Estados Unidos da América, ou um império Árabe-Otomano, nos moldes do Austro-Húngaro. Quando ficou evidente que esse anseio não resistiria aos interesses imperiais da França e da Grã-Bretanha, que desejavam dividir o Oriente Médio otomano entre si, surgiu uma versão mais local de nacionalismo, adaptada ao mapa das demarcações da administra-

---

* Analisei essas relações em detalhes em *A History of Modern Palestine*, pp. 108–16.

ção otomana e à divisão da região pelas potências coloniais. Como mencionado no capítulo 1, o primeiro impulso árabe nacionalista se chamou *qawmiyya*, e a versão local posterior, *wataniyya*. A comunidade palestina teve um papel relevante em ambos. Seus intelectuais integraram e se envolveram com diversos movimentos e organizações que buscavam a unidade, a independência e a autodeterminação árabes. Ao mesmo tempo, antes de os britânicos definirem, com a ajuda de outras potências europeias, o espaço geopolítico chamado Palestina, já havia uma existência palestina particular manifestada nos costumes do povo, em seu dialeto árabe e em sua história compartilhada.

Quando os sionistas chegaram à Palestina no final do século XIX, esses dois fenômenos ainda influenciavam a comunidade palestina. Muitos de seus ativistas e intelectuais sonhavam com uma república árabe unida. Outros foram arrebatados pela ideia de uma Grande Síria — desejando que Damasco fosse o centro de um novo Estado do qual a Palestina faria parte. Quando os britânicos chegaram e a comunidade internacional, por meio da Liga das Nações, começou a discutir o futuro da Palestina, palestinos proeminentes produziram um jornal chamado *Southern Syria* e até cogitaram formar um partido com esse nome[*]. Em 1919, quando o presidente dos EUA Woodrow Wilson enviou uma comissão de inquérito, a Comissão King-Crane, para averiguar o anseio dos palestinos, o comitê descobriu que a maioria desejava que o território fosse independente.

Fossem eles pan-arabistas, patriotas locais ou indivíduos que desejavam integrar a Grande Síria, os palestinos

---

[*] Rashid Khalidi, *Palestinian Identity*, op. cit. p. 239.

eram unidos pelo desejo de não integrarem um Estado judeu. Seus líderes objetavam qualquer solução política que destinasse qualquer parte do pequeno país à comunidade de colonos. Como declararam de forma clara em suas negociações com os britânicos no final dos anos 1920, eles estavam dispostos a compartilhar as terras com quem já havia chegado, mas não podiam aceitar outros*. A voz coletiva dos palestinos foi cristalizada no conselho executivo da Conferência Nacional Palestina que se reuniu anualmente durante uma década a partir de 1919. Esse conselho representava os palestinos nas negociações com o governo britânico e o movimento sionista. Antes disso, contudo, os britânicos tentaram aprovar um acordo de igualdade entre as partes. Em 1928, a liderança palestina, não obstante os desejos da maioria absoluta de seu povo, consentiu em permitir aos colonos judeus representação igualitária nos futuros conselhos de Estado. A liderança sionista só foi favorável a essa ideia enquanto suspeitou que os palestinos iriam rejeitá-la. A representação compartilhada ia contra tudo o que o sionismo pretendia ser. Assim, quando a proposta foi aceita pelo partido palestino, acabou rejeitada pelos sionistas. Isso levou à revolta de 1929, que resultou no massacre de judeus em Hebron e um número muito maior de mortos dentro da comunidade palestina**. Mas também havia outras razões por trás dessa onda de violência, a mais séria desde o início do Mandato. Ela foi desencadeada pela expropriação de ocupantes palestinos de terras pertencentes a proprietários ausentes e notáveis locais, que haviam sido compradas pelo Fundo Nacional Judaico.

---

* Ver Ilan Pappe, *A History of Modern Palestine*, op. cit. pp. 109-16.
** Ver id. *A limpeza étnica da Palestina*, São Paulo: Sundermann, 2017.

Os ocupantes haviam morado naquelas terras durante séculos, e agora eram forçados a morar em favelas nas cidades. Em uma dessas favelas, a nordeste de Haifa, o pregador sírio exilado Izz ad-Din al-Qassam recrutou seus primeiros seguidores para uma guerra santa islâmica contra os britânicos e o movimento sionista no início dos anos 1930. Seu legado foi consolidado quando a ala militar do movimento Hamas adotou seu nome.

Após 1930, a liderança palestina foi institucionalizada através do Alto Comitê Árabe, conselho que representava todos os partidos e movimentos políticos da comunidade palestina. Até 1937, ela seguiu buscando um acordo com o governo britânico, mas a essa altura tanto os sionistas como os imperialistas haviam deixado de se importar com o ponto de vista dos palestinos, passando a determinar unilateralmente o futuro do território. A essa altura o movimento nacional palestino considerava o sionismo um projeto colonialista a ser derrotado. Mesmo em 1947, quando a Grã-Bretanha decidiu encaminhar a questão à Organização das Nações Unidas, os palestinos sugeriram, junto a outros Estados árabes, um Estado unitário na Palestina para substituir o Mandato. A ONU deliberou acerca do destino dos palestinos durante sete meses e precisava decidir entre duas opções: aquela sugerida pelos palestinos, de um Estado unitário que absorveria os colonos judeus já existentes, mas não permitiria a futura colonização sionista; e a partilha da terra entre um Estado árabe e um Estado judeu. A ONU preferiu esta última opção, e, portanto, a mensagem dada aos palestinos foi: vocês não podem compartilhar sua vida neste território com os colonos, sua única esperança será preservar metade dele e abrir mão da outra metade.

Assim, é possível retratar o sionismo como um movimento colonialista de povoamento e o movimento nacional palestino como uma organização anticolonial. Nesse contexto, conseguimos entender o comportamento e as políticas do líder da comunidade, Hajj Amin al-Husayni, antes e durante a Segunda Guerra Mundial sob uma luz diferente da narrativa que costuma ser oferecida como fato histórico. Como muitos leitores devem saber, os israelenses costumam propagar o tempo todo que o líder palestino foi simpatizante do nazismo. O mufti de Jerusalém não era um anjo. Ainda muito jovem, foi escolhido pelos notáveis da Palestina e pelos britânicos para ocupar o cargo religioso mais importante da comunidade. O posto, que Al-Husayni ocupou durante o período do Mandato (1922-48), conferiu a ele poder político e elevado status social. Ele tentou guiar a comunidade face à colonização sionista, e nos anos 1930, quando nomes como Izz ad-Din al-Qassam pressionavam por um embate armado, ele conseguiu dissuadir a maioria do povo dessa opção violenta. No entanto, ao apoiar a ideia de greves, manifestações e outras formas de tentar mudar a política britânica, tornou-se um inimigo do império e precisou fugir de Jerusalém em 1938*. As circunstâncias o empurraram direto para os braços do inimigo de seu inimigo — no caso, Itália e Alemanha. Durante seus dois anos de asilo político na Alemanha, foi influenciado pela doutrina nazista e confundiu a distinção entre judaísmo e sionismo. Sua disposição de atuar como comentador de rádio para os nazistas e ajudar a recrutar muçulmanos nos Balcãs para os esforços de guerra alemães sem dúvidas mancham sua trajetória. Mas o modo como agiu não

---

* Ver Ilan Pappe, *The Rise and Fall of a Palestinian Dynasty*, op. cit. pp. 283-8.

foi diferente do dos líderes sionistas que, em 1930, buscaram se aliar eles próprios aos nazistas contra o Império Britânico, nem de todos os outros movimentos anticoloniais que tentaram se livrar dos impérios por meio de alianças com seus principais inimigos.

Quando a guerra acabou em 1945, o mufti recobrou a sensatez e tentou organizar os palestinos às vésperas da Nakba, mas ele já não tinha mais poder e o mundo dos notáveis urbanos árabe-otomanos ao qual pertencia não existia mais. Se ele merece críticas, não é por seus erros em relação ao sionismo. É por sua falta de empatia com o sofrimento dos camponeses na Palestina e por suas discordâncias com outros notáveis, que enfraqueceram o movimento anticolonialista. Nada do que fez justifica que o seu verbete no projeto estadunidense-sionista *The Encyclopedia of the Holocaust* seja o segundo maior, logo após o de Hitler*. Em última instância, nem seus erros nem seus feitos tiveram muito impacto no curso da história palestina. Ele foi absolvido dos crimes de guerra pelos aliados, que permitiram seu retorno ao Egito — mas não à Palestina — após o final da guerra.

Com todos os seus deméritos, antes de escapar da Palestina em 1938 e, em certa medida, em seu exílio posterior, ele liderou um movimento de libertação anticolonial. O fato de que era mufti — e que também acreditava que a religião devia ser acionada no embate contra o movimento colonialista que cobiçava sua pátria e ameaçava a existência de seu povo — não é relevante. Movimentos anticolonialistas como a Frente de Libertação Nacional (FLN) na Argélia tinham

---

* Para uma análise aprofundada, ver Ilan Pappe, *The Idea of Israel: A History of Power and Knowledge*, Londres e Nova York: Verso, 2010, pp. 153–78.

uma forte ligação com o Islã, assim como muitos movimentos de libertação do mundo árabe que lutaram por independência da Itália, da França e da Grã-Bretanha após a Segunda Guerra Mundial. Tampouco a conivência do mufti, ou de qualquer outro líder, como Al-Qassam (morto pelos britânicos em 1935 e enterrado perto de Haifa), com o uso da violência é algo singular na história dos conflitos anticoloniais. Os movimentos de libertação na América do Sul e no Sudeste da Ásia não foram organizações pacifistas, e apostaram tanto no combate armado como no processo político. Tivesse o mufti podido retornar à Palestina, acabaria percebendo que não só o sionismo era um projeto colonialista de povoamento bem-sucedido, como também, e ainda mais importante, estava prestes a dar início ao seu projeto existencial mais crucial.

Em 1945, o sionismo já havia atraído mais de meio milhão de colonos para um país cuja população total era de mais ou menos dois milhões. Alguns chegaram com autorização do Mandato Britânico, outros sem. A população nativa local não foi consultada, tampouco foi levada em conta sua objeção ao projeto de transformar a Palestina em um Estado judeu. Os colonos conseguiram construir um Estado dentro de um Estado — com toda a infraestrutura necessária —, mas fracassaram em dois aspectos: conseguiram comprar apenas 7 por cento das terras, o que não era suficiente para um futuro Estado; e ainda eram minoria — um terço de um país onde pretendiam ser a única nação.

Como em todos os movimentos colonialistas anteriores, a resposta a esses problemas foi a dupla lógica da aniquilação e da desumanização. A única forma de expandir seu controle para mais de 7 por cento das terras e garantir uma maioria demográfica exclusiva seria remover os nativos de sua terra natal. O sionismo é, portanto, um projeto colonialista de povoamento ainda inconcluso. A demografia palestina não é de todo judaica, e embora o Estado de Israel tenha controle político sobre todo o território por diversos meios, ainda está colonizando — construindo novas colônias na Galileia, no Neguev e na Cisjordânia com o intuito de aumentar o número de judeus lá —, desalojando palestinos e negando o direito dos nativos à sua pátria.

5
Os palestinos deixaram sua pátria voluntariamente em 1948

Há duas questões relativas a esta suposição, e ambas serão estudadas aqui. Primeira: existia a vontade de expulsar os palestinos? Segunda: às vésperas da guerra de 1948, os palestinos foram convocados a deixar voluntariamente suas casas, como diz a mitologia sionista?

A centralidade da ideia de realocação no pensamento sionista foi analisada, ao meu entender, de forma muito convincente, no livro de Nur Masalha *Expulsão dos palestinos*[*]. Aqui, apenas acrescentarei algumas citações para enfatizar o argumento de que os líderes e ideólogos sionistas não foram capazes de divisar um modo de implementar seu projeto que não envolvesse expulsar a população nativa, fosse através de acordos ou do uso da força. Recentemente, após anos de negação, historiadores sionistas como Anita Shapira aceitaram que seus heróis, os líderes do movimento sionista, contemplaram a sério a ideia de transferir os palestinos. No entanto, eles se

---

[*] Nur Masalha, *Expulsão dos palestinos: o conceito de "transferência" no pensamento político sionista, 1882–1948*, São Paulo: Monitor do Oriente, 2021.

agarram desesperadamente ao fato de que houve uma confusão entre transferência "compulsória" e "voluntária"*. É verdade que, nos encontros públicos, todos os líderes e ideólogos sionistas falavam em transferência por meio de acordos. Mas mesmo essas falas revelam uma verdade amarga: não existe transferência voluntária. É uma semântica, não uma prática. Berl Katznelson foi provavelmente um dos mais importantes ideólogos sionistas dos anos 1930. Era considerado a consciência moral do movimento. Seu apoio à transferência era inequívoco. Na vigésima conferência sionista, convocada pouco depois de os britânicos oferecerem sua primeira proposta significativa de paz, ele manifestou com firmeza seu apoio à ideia. Disse aos presentes:

> Minha consciência está completamente limpa. Melhor um vizinho distante que um inimigo próximo. Eles não sairão perdendo com sua transferência, e certamente nós também não. No balanço final, essa reforma política beneficia os dois lados. Já faz muito tempo que estou convencido de que essa é a melhor solução [...] e isso deve acontecer em breve**.

Quando ele soube que o governo britânico cogitava a possibilidade de transferir os palestinos dentro da Palestina, ficou muito desapontado: "A transferência para 'dentro da Palestina' significaria a área de Shechem (Nablus). Acredito que o futuro deles esteja na Síria ou no Iraque***".

---

* Ver Anita Shapira, *Land and Power*, Nova York: Oxford University Press, 1992, pp. 285-6.
** Citado em David Ben-Gurion, *The Roads of Our State*, Am Oved: Tel Aviv, 1938, pp. 179-80 (em hebraico).
*** Ibid.

Naqueles tempos, líderes como Katznelson esperavam que os britânicos fossem convencer, ou induzir, a população local a partir. Em uma famosa carta que Ben-Gurion escreveu a seu filho Amos em outubro de 1937, ele já havia entendido que seria necessário o uso da força*. Publicamente, naquele mesmo ano, Ben-Gurion prestou apoio a Katznelson, dizendo:

> A transferência compulsória dos árabes dos vales do Estado judeu proposto poderia nos dar algo que jamais tivemos, nem mesmo quando resistíamos sozinhos nos dias do primeiro e do segundo Templos [...] Temos uma oportunidade com que jamais sonhamos, nem mesmo em nossas fantasias mais desvairadas. Isso é mais que um Estado, um governo e uma soberania, é a consolidação nacional em uma pátria livre**.

Com semelhante clareza, ele disse à assembleia sionista em 1937: "Em muitas partes do país, não conseguiremos nos instalar sem antes transferirmos os felás árabes", o que ele esperava que os britânicos fizessem***. Todavia, com ou sem os britânicos, Ben-Gurion articulou o papel da expulsão no futuro do projeto sionista na Palestina ao escrever naquele mesmo ano: "Com a transferência compulsória, teríamos uma vasta área para assentamentos [...] Eu apoio a transferência compulsória. Não vejo nada de imoral nisso****".

---

*   Ver a carta traduzida disponível em: <palestineremembered.com>.
** Yosef Gorny, *The Arab Question and the Jewish Problem*, Am Oved: Tel Aviv, 1985, p. 433 (em hebraico).
*** Benny Morris, *Righteous Victims: A History of the Zionist-Arab Conflict, 1881–1999*, Nova York: Random House, 2001, p. 142.
**** Nur Masalha, *Expulsão dos palestinos*, p. 117.

Em 2008, ao examinar essas declarações do passado, um jornalista israelense concluiu que muitos israelenses ainda as julgavam aceitáveis setenta anos depois. De fato, desde 1937, a expulsão dos palestinos faz parte do DNA sionista do Estado judeu moderno*. Contudo, o processo não foi tão explícito. Ben-Gurion e outros líderes foram cautelosos quanto ao que fazer caso fosse impossível convencer os palestinos a partir. Por outro lado, não estavam inclinados a articular nenhuma outra alternativa política. Ben-Gurion diria apenas que não tinha objeções à transferência forçada, embora não a considerasse necessária naquela conjuntura histórica.

Katznelson foi informado dessa ambivalência. Em uma reunião pública em 1942, alguns líderes sionistas de esquerda que achavam que Ben-Gurion havia desistido de transferir os palestinos questionaram-no a respeito do tema. Ele respondeu: "Pelo que sei da ideologia sionista, isso [a transferência] faz parte da concretização do sionismo; a percepção desse sionismo é a transferência do povo de um país para outro — uma transferência mediante acordos**". Em público, Ben-Gurion, o líder do movimento, e outros ideólogos como Katznelson eram todos a favor do que chamavam de transferência voluntária. Ben-Gurion disse: "A transferência dos árabes é mais fácil do que qualquer outra, devido à existência de Estados árabes na região". Ele acrescentou que, caso os palestinos fossem transferidos, isso significaria uma melhoria para eles (não explicou por quê). Ele sugeriu transferi-los para a Síria. E continuou a falar em transferência voluntária.***

---
* Ver relatório de Eric Bender em *Maariv*, 31 de março de 2008.
** Berl Katznelson, *Writings*, Tel Aviv: Davar, 1947, v. 5, p. 112.
*** Central Zionist Archives, Minutes of the Jewish Agency Executive, 7 de maio de 1944, pp. 17–9.

Contudo, esse não era um posicionamento honesto, tampouco possível. Na verdade, colegas desses líderes e ideólogos não viam como seria possível uma transferência não compulsória. Em uma reunião privada, em junho de 1938, da Agência Executiva Judaica dedicada à transferência, os membros ali reunidos, incluindo Ben-Gurion, Katznelson, Sharett e Ussishkin aparentemente foram todos favoráveis à transferência compulsória. Katznelson tentou explicar o que entendia por compulsório: "O que significa uma transferência compulsória? É a transferência contra a vontade do Estado árabe? Contra esse desejo, nenhuma força no mundo conseguiria implementar tal transferência*". Ele explicou que "compulsório" significava superar a resistência dos próprios palestinos:

> Se precisarmos fazer um acordo de transferência com cada vilarejo árabe e cada indivíduo árabe, jamais resolveremos o problema. Transferimos indivíduos árabes o tempo todo, mas a questão será a transferência de grandes números de árabes com a anuência do Estado árabe**.

Esse era o truque. Falava-se em transferência voluntária, e a estratégia foi ganhando força gradualmente até 1948, quando surgiu uma oportunidade de transferência em massa. Mesmo se aceitarmos a tese de Benny Morris em seu livro *The Birth of the Palestinian Refugee Problem*, segundo a qual as transferências teriam sido graduais (e não massivas), a partir de certo ponto, por mais gradual que o processo seja, ele

---

* Central Zionist Archives, Minutes of the Jewish Agency Executive, 12 de junho de 1938, pp. 31–2.
** Ibid.

ainda resultará em limpeza étnica massiva. Falaremos sobre isso mais adiante.

A partir das minutas da reunião de junho de 1938, descobrimos que o discurso da transferência voluntária designava, em realidade, uma realocação imposta. Ben-Gurion afirmou que uma transferência compulsória, sobretudo se levada a cabo pelos britânicos, "seria o maior feito da história dos assentamentos judeus na Palestina". Ele acrescentou: "Sou favorável à transferência compulsória; não vejo nada de antiético nisso." Menachem Ussishkin, líder e ideólogo proeminente, acrescentou que "seria muito ético transferir os árabes da Palestina e reassentá-los em melhores condições". Ele insinuou que provavelmente seria essa a lógica por trás da Declaração Balfour. Além disso, não se perdeu tempo em dar início a uma discussão sobre metas e formas de alcançá-las. Essas questões só seriam finalizadas em 1948, mas as bases foram lançadas nesse encontro de 1938. Uma minoria muito pequena dos presentes objetou contra a transferência compulsória. A Síria era o destino de preferência, e havia a esperança de que pudessem deslocar ao menos 100 mil palestinos na primeira onda*.

A discussão sobre a transferência foi suspensa durante a Segunda Guerra Mundial, quando a comunidade focou em aumentar o número de imigrantes judeus e estabelecer o futuro Estado. A conversa voltou a ganhar força quando ficou evidente que a Grã-Bretanha estava prestes a deixar a Palestina. A decisão britânica foi anunciada em fevereiro de 1947, justo quando vemos a intensificação do debate acerca da transferência forçada. Em meu livro *A limpeza étnica da*

---

* Ibid.

Palestina, examino de que forma essas discussões de 1947 desembocaram em um grande plano para a expulsão em massa dos palestinos em março de 1948 (Plano D), assunto que retomarei mais adiante neste capítulo. A narrativa oficial israelense, contudo, foi a mesma por muitos anos: os palestinos se tornaram refugiados porque seus líderes, e os líderes do mundo árabe, disseram-lhes para deixar a Palestina antes que os exércitos árabes invadissem e expulsassem os judeus, após o período do qual poderiam retornar às suas casas. Mas nunca existiu essa convocação — trata-se de um mito inventado pelo Ministério das Relações Exteriores israelense. Na breve tentativa da ONU de promover a paz logo após a guerra de 1948, a posição do Ministério das Relações Exteriores israelense era a de que os refugiados tinham fugido. No entanto, esse processo de paz específico (que durou alguns meses da primeira metade de 1949) foi tão breve que não foi solicitada a Israel nenhuma prova dessa alegação, e durante muitos anos a questão dos refugiados foi expurgada da agenda internacional.

A necessidade de apresentar provas surgiu no início dos anos 1960, como ficamos sabendo recentemente graças ao trabalho diligente de Shay Hazkani, repórter *freelance* a serviço do *Haaretz**. De acordo com sua pesquisa, durante os primeiros dias da administração Kennedy em Washington, o governo dos EUA começou a pressionar Israel para que autorizasse o retorno dos refugiados de 1948. Desde então, a posição oficial dos EUA havia sido o apoio ao direito de retorno dos palestinos. Em realidade, já em 1949 os estadunidenses haviam pressionado Israel para que repatriasse os

---

* Shay Hazkani, "Catastrophic Thinking: Did Ben-Gurion Try to Re-write History?", *Haaretz*, 16 de maio de 2013.

refugiados e imposto sanções ao Estado judeu por sua recusa em cooperar. No entanto, a pressão durou pouco, pois a Guerra Fria ganhou tração e os estadunidenses perderam o interesse no assunto até a chegada de John F. Kennedy ao poder (ele também foi o último presidente dos EUA que se recusou a prestar amplo auxílio militar a Israel; depois de seu assassinato, abriu-se a porteira — um estado das coisas que levou Oliver Stone a aludir a uma suposta ligação israelense com o assassinato do presidente em seu filme *JFK*).

Um dos primeiros atos da administração Kennedy nesse âmbito foi participar ativamente das discussões da Assembleia Geral da ONU sobre o assunto no verão de 1961. O primeiro-ministro Ben-Gurion entrou em pânico. Ele estava convencido de que, com a bênção dos EUA, a ONU poderia forçar Israel a repatriar os refugiados. Ele queria que acadêmicos israelenses conduzissem pesquisas provando que os palestinos haviam partido de forma voluntária. Com esse intuito, procurou o Instituto Shiloah, principal centro acadêmico israelense de estudos sobre o Oriente Médio à época. A tarefa foi confiada a Ronni Gabai, pesquisador júnior. Com permissão para acessar documentos sigilosos, ele chegou à conclusão de que expulsões, medo e intimidações foram as principais causas do êxodo palestino. Ele não encontrou nenhum indício da suposta convocação das lideranças árabes para que os palestinos deixassem a terra e abrissem caminho para os exércitos invasores. No entanto, aqui há um enigma. A conclusão que acabo de mencionar apareceu na tese de doutorado de Gabai sobre o assunto e, segundo ele, é a mesma que enviou ao Ministério das Relações Exteriores israelense*. Mas em

---

* Ibid.

sua pesquisa nos arquivos, Hazkani encontrou uma carta de Gabai ao primeiro-ministro resumindo sua pesquisa e mencionando a convocação dos árabes para a saída dos palestinos como causa principal do êxodo. Hazkani entrevistou Gabai, que ainda hoje garante não ter escrito essa carta, que segundo ele é incompatível com sua pesquisa. Alguém, ainda não se sabe quem, enviou um resumo diferente do estudo. De qualquer modo, Ben-Gurion não ficou satisfeito. Ele sentiu que o resumo — ele não leu a pesquisa inteira — não era pungente o bastante. Encomendou a um pesquisador conhecido seu, Uri Lubrani — mais tarde um dos especialistas em Irã da Mossad —, um segundo estudo. Lubrani passou a tarefa para Moshe Maoz, hoje um dos principais orientalistas de Israel. Maoz entregou a encomenda, e em setembro de 1962 Ben-Gurion tinha o que ele mesmo descreveu como nosso "Livro Branco", provando sem margem de dúvida que os palestinos fugiram porque lhes disseram para fazer isso. Mais tarde Moaz fez um PhD em Oxford orientado por Albert Hourani (sobre um assunto não relacionado), mas disse em uma entrevista que sua pesquisa foi mais afetada pela tarefa política de que foi incumbido do que pelos documentos que ele havia visto[*].

Os documentos que Gabai examinou no início de 1961 perderam o sigilo no final dos anos 1980 e muitos historiadores, entre eles Benny Morris e eu, viram pela primeira vez provas irrefutáveis do que havia afugentado os palestinos da Palestina. Embora Morris e eu não concordemos quanto ao grau de premeditação e planejamento dessa expulsão, concordamos que não houve nenhum chamado dos líderes

---

[*] Ibid.

árabes e palestinos para que a população partisse. Nossa pesquisa, desde então descrita como o trabalho dos "novos historiadores", reafirma a conclusão de Gabai de que os palestinos perderam suas casas e sua pátria principalmente em razão de expulsões, intimidações e medo*.

Morris postulou que o início da luta entre Israel e os exércitos árabes que adentraram o país no dia em que o Mandato Britânico chegou ao fim, em 15 de maio de 1948, foi a principal razão para o que chamou de "Nascimento do problema dos refugiados palestinos". Argumentei que a movimentação em si não foi a causa, pois metade dos que se tornaram refugiados — centenas de milhares de palestinos — haviam sido expulsos antes mesmo de ela começar. Além disso, aleguei que Israel deu início à guerra para aproveitar a oportunidade histórica de expulsar os palestinos**.

A ideia de que os palestinos partiram voluntariamente não é a única falsa suposição em relação à guerra de 1948. Três outras são veiculadas com frequência sempre que se explicam os acontecimentos daquele ano. A primeira é que os palestinos seriam culpados pelo que lhes aconteceu, pois teriam rejeitado o plano de partilha da ONU de novembro de 1947. Essa alegação ignora a natureza colonialista do movimento sionista. O que está evidente é que a limpeza étnica dos palestinos não pode ser de modo algum justificada como "punição" por eles terem rejeitado um plano de paz da ONU desenvolvido sem qualquer consulta aos palestinos.

---

*   A primeira pessoa a refutar essas afirmações foi o jornalista irlandês Erskine Childs no *The Spectator*, em 12 de maio de 1961.
** Ilan Pappe, "Why were they Expelled?: The History, Historiography and Relevance of the Refugee Problem", in: Ghada Karmi e Eugene Cortan (eds.), *The Palestinian Exodus, 1948–1988*, Londres: Ithaca, 1999, pp. 37–63.

As duas outras suposições associadas a 1948 são que Israel seria um Davi lutando contra um Golias árabe, e que após a guerra Israel teria estendido a mão em sinal de paz, mas os palestinos e o mundo árabe como um todo rejeitaram o gesto. Pesquisas sobre essa primeira suposição provaram que os palestinos não tinham qualquer poderio militar, e os Estados árabes enviaram um contingente de tropas relativamente pequeno (ainda menores se comparados às forças judaicas), além de menos treinadas e equipadas que o oponente. Ademais, essas tropas foram enviadas à Palestina não como resposta à declaração da fundação do Estado de Israel, mas como reação às operações sionistas que já haviam começado em fevereiro de 1948, e particularmente à luz do massacre bastante divulgado ocorrido no vilarejo de Deir Yassin, próximo a Jerusalém, em abril de 1948*.

Quanto ao terceiro mito, segundo o qual o Estado de Israel teria feito um gesto de paz após o conflito, os documentos mostram o contrário. Na verdade, as lideranças intransigentes de Israel se recusaram explicitamente a abrir negociações sobre o futuro da Palestina no período pós-Mandato e não cogitou o retorno das pessoas que haviam fugido ou sido expulsas. Enquanto os governos árabes e líderes palestinos estavam dispostos a participar de uma nova iniciativa de paz da ONU que fosse mais razoável, as lideranças israelenses fizeram vista grossa quando, em setembro de 1948, terroristas judeus assassinaram o mediador de paz da ONU, Conde Bernadotte. Mais adiante, rejeitaram qualquer proposta de paz adotada pelo conselho que substituiu Bernadotte, a Comissão de Conciliação Palestina (PCC,

---

* Ver Ilan Pappe, *A limpeza étnica da Palestina*.

na sigla em inglês), quando novas negociações começaram no final de 1948. Como resultado, a mesma Assembleia Geral da ONU que havia obtido maioria de dois terços em prol do plano de partição em novembro de 1947 votou sem objeções a favor de um plano de paz em dezembro de 1948. Foi a Resolução 194, adotada em 11 de dezembro. Ela continha três recomendações: renegociação da partição da Palestina de modo mais adequado à realidade demográfica no local; retorno pleno e incondicional de todos os refugiados; e a internacionalização de Jerusalém*.

A intransigência israelense continuaria. Como o historiador Avi Shlaim mostrou em seu livro *A muralha de ferro*, ao contrário do mito segundo o qual os palestinos jamais perderam uma oportunidade de rechaçar a paz, foi Israel quem rejeitou constantemente as ofertas na mesa**. Começou com a recusa da oferta de paz e de novas ideias para a questão dos refugiados apresentadas pelo governante sírio Husni Al-Zaim em 1949, e continuou com a sabotagem de Ben-Gurion aos primeiros negociantes da paz enviados por Gamal Abdel Nasser no início dos anos 1950. Mais conhecida é a maneira como Israel se recusou a demonstrar qualquer flexibilidade nas negociações com o Rei Hussein em 1972 (mediadas por Henry Kissinger e referentes à Cisjordânia) e sua recusa em ouvir o presidente egípcio Sadat quando este o avisou, em 1971, que, caso não houvesse uma negociação bilateral do Sinai, ele seria forçado a entrar em guerra pela região — o que fez, dois anos mais tarde, infligindo um golpe traumático à sensação de segurança e invencibilidade de Israel.

---

*   Avi Shlaim, *A muralha de ferro: Israel e o Mundo Árabe*, Rio de Janeiro: Fissus, 2004.
** Ibid.

Todos esses mitos em torno de 1948 se fundem na imagem de um Estado judeu que luta contra todas as probabilidades, oferecendo auxílio aos palestinos, estimulando-os a ficar em suas terras e propondo a paz apenas para descobrir que não existe "nenhum parceiro" do outro lado do balcão. A melhor maneira de combater essa imagem é descrever outra vez, com paciência e de forma sistemática, os acontecimentos ocorridos na Palestina entre 1946 e 1949.

Em 1946, o governo britânico em Londres achou que ainda poderia manter o controle sobre a Palestina por algum tempo, e começou a deslocar suas forças do Egito para o território à medida que o confronto de libertação nacional egípcio ganhava força naquele ano. No entanto, um inverno inclemente no final do ano, as tensões crescentes entre os grupos paramilitares sionistas que começavam a agir contra as forças britânicas e, mais importante, a decisão de deixar a Índia levaram a uma mudança dramática na política britânica em relação à Palestina. Em fevereiro de 1947, a Grã-Bretanha decidiu deixar a região. As duas comunidades — colonos e nativos — reagiram de maneiras muito distintas a essa notícia. A comunidade palestina e seus líderes presumiram que o processo seria semelhante àquele visto nos países árabes vizinhos. A administração do Mandato transferiria gradualmente o poder para a população local, que determinaria de forma democrática a natureza de seu futuro Estado. Os sionistas, contudo, estavam muito melhor preparados para o que veio a seguir. Logo após a decisão de Londres de retirar suas forças, as lideranças sionistas se organizaram em duas frentes, diplomática e militar, preparando-se para um futuro confronto.

De início, o foco principal foi a diplomacia. Isso se traduziu na procura de modos para derrotar a bem embasada reivindicação dos palestinos por uma decisão democrática acerca do futuro do país. Um jeito específico de fazer isso foi atrelar o Holocausto e o destino dos judeus ao redor do mundo à comunidade de colonos judeus na Palestina. Assim, os diplomatas sionistas lograram persuadir a comunidade internacional de que o destino de todos os judeus do mundo dependia da decisão de quem substituiria os britânicos como soberanos da Palestina. Ainda mais persuasiva foi a associação dessa política à necessidade de compensar o povo judeu por seu sofrimento durante o Holocausto.

O resultado foi o Plano de Partilha da ONU de 29 de novembro de 1947. O documento foi preparado pelo Comitê Especial das Nações Unidas sobre a Palestina (UNSCOP, na sigla em inglês), formado por representantes com pouco — ou nenhum — conhecimento prévio da questão palestina. A ideia de que a divisão do território seria a melhor solução partiu do próprio movimento sionista. Na verdade, os membros do comitê tiveram pouco retorno dos palestinos. O Alto Comitê Árabe, o conselho político representativo dos palestinos e a Liga Árabe decidiram boicotar o UNSCOP. Já estava explícito que o direito dos palestinos à sua pátria não seria respeitado como o dos iraquianos ou egípcios. Logo após a Primeira Guerra Mundial, a Liga das Nações havia reconhecido o direito de todas as nações no Oriente Médio à autodeterminação. A decisão em 1947 de excluir os palestinos (semelhante à decisão de excluir a nação curda) foi um erro grave e é uma das principais causas do conflito que perdura até hoje na região.

Os sionistas sugeriram que 80 por cento da Palestina deveria ser um Estado judeu, enquanto o resto poderia se tornar ou um Estado árabe palestino, ou ser anexado e entregue ao Reino da Jordânia. A Jordânia, por sua vez, acabou desenvolvendo uma postura ambivalente em relação aos esforços da ONU: por um lado, ofereciam a ela uma possível expansão de seu árido reino com a incorporação de partes férteis da Palestina; por outro, o país não desejava ser visto como traidor da causa palestina. O dilema se acentuou ainda mais quando as lideranças judaicas ofereceram um acordo aos hachemitas jordanianos. De certo modo, foi mais ou menos assim que a Palestina acabou dividida entre o movimento sionista e a Jordânia após a guerra de 1948*.

Os sionistas, contudo, não tinham controle absoluto sobre o UNSCOP. O comitê, que deliberou sobre a solução entre fevereiro e novembro de 1947, revisou os planos sionistas. O UNSCOP expandiu a área destinada aos palestinos e insistiu na criação de dois Estados independentes. Sua esperança implícita era que os dois Estados formassem uma união econômica e estabelecessem uma política conjunta de imigração, e que cada comunidade tivesse a opção de votar no outro Estado caso assim desejasse. Como mostram os documentos que tiveram o sigilo levantado, as lideranças sionistas aceitaram o novo mapa e os termos oferecidos pela ONU porque sabiam que o outro lado rejeitaria o plano. Também sabiam que a divisão final do território seria determinada pelas ações concretas no país, e não pelas negociações em um escritório do comitê**. O resultado mais importante foi a legitimação internacional do Estado judeu, incluindo os limites territoriais do futuro Estado. Em re-

---

* Avi Shlaim, *Collusion Across the Jordan: King Abdullah, the Zionist Movement and the Partition of Palestine*, Nova York: Columbia University Press, 1988.
** Simha Flapan provou isso de forma bastante convincente em *The Birth of Israel: Myths and Realities*, Nova York: Pantheon, 1988.

trospecto, podemos observar que, da perspectiva dos líderes sionistas em 1948, eles adotaram a abordagem correta ao estabelecer um Estado sem fixar suas fronteiras.

Os líderes não ficaram ociosos entre o plano de partição e o final do Mandato em maio de 1948. Eles precisaram se manter ativos. A pressão sobre os governos do mundo árabe para o uso da força contra o novo Estado judeu vinha crescendo. No meio tempo, dentro da Palestina, grupos paramilitares locais começaram a empreender ataques, sobretudo contra os meios de transportes dos judeus e colônias isoladas, tentando se antecipar à implementação de uma decisão internacional de transformar sua pátria em um Estado judeu. Esses momentos de resistência foram bastante pontuais e minguaram nas semanas após o anúncio da partição da ONU. Ao mesmo tempo, os líderes sionistas agiam em três frentes discretas. A primeira envolvia a preparação para a possibilidade de uma invasão militar pelos países árabes. Isso aconteceu, e hoje sabemos que o exército judeu se beneficiou da falta de real preparo, determinação e coordenação das forças árabes. As elites políticas árabes ainda relutavam bastante em interferir na Palestina. Havia um acordo tácito com a Jordânia de que ela assumiria partes da Palestina (o que mais tarde se tornaria a Cisjordânia) em troca de uma participação limitada nos esforços de guerra. Isso se mostrou um fator crucial para o equilíbrio de poder. O exército jordaniano era o mais bem treinado no mundo árabe.

Na frente diplomática, os meses de fevereiro e março de 1948 foram um período de particular tensão para o movimento sionista. Os Estados Unidos, representados por seus enviados ao local, perceberam que o plano de divisão da ONU de novembro de 1947 era problemático. Ao invés de levar calma e esperança ao país, o plano era em si a causa principal dos recentes episódios de violência. Já havia relatos de palestinos sendo forçados a deixar suas casas e de assassinatos nos dois grupos. Os dois lados atacaram os transportes públicos do outro; escaramuças nas linhas que separavam bairros árabes e judeus nas cidades mistas perduraram por alguns dias. O presidente dos EUA, Harry Truman, concordou em reconsiderar a ideia de partição e sugeriu um novo plano. Por meio de seu embaixador na ONU, ele propôs uma gestão internacional de todo o território palestino durante cinco anos, para que tivessem mais tempo para buscar uma solução.

Esse movimento foi interrompido abruptamente por interesses particulares. Foi a primeira vez que o lobby judeu nos Estados Unidos foi acionado para mudar a posição do governo estadunidense. O AIPAC ainda não existia, mas o método já estava em curso para conectar o cenário político doméstico estadunidense aos interesses do sionismo e, mais tarde, de Israel na Palestina. De qualquer modo, funcionou, e o governo dos EUA voltou a apoiar o plano de partição.

O interessante é que a União Soviética foi ainda mais leal à postura sionista e não demonstrou nenhuma hesitação. Com o auxílio de membros do Partido Comunista Palestino (PCP), eles facilitaram o fornecimento de armas da Tchecoslováquia para forças judaicas antes e depois de maio de 1948. Os leitores de hoje talvez estranhem isso, mas o apoio do PCP à causa sionista era possível por duas razões. A primeira é que a União Soviética acreditava que o novo Estado judeu seria socialista e antibritânico (e, portanto, mais inclinado ao Bloco Oriental na Guerra Fria emergente). A segunda é que o PCP acreditava que a libertação nacional era uma etapa necessária no caminho para uma revolução social mais completa, e considerava tanto os palestinos como os sionistas movimentos nacionais (é por isso que o partido ainda hoje apoia a solução de dois Estados)*.

Enquanto lutavam para garantir aprovação internacional, as lideranças sionistas estavam ocupadas preparando sua comunidade para a guerra, impondo a conscrição e o pagamento de taxas compulsórias, intensificando o treinamento militar e ampliando a compra de armamentos. Elas também foram bastante eficientes em reunir material de inteligência que expunha a falta de preparo no resto do mundo árabe. Trabalhar em duas frentes — militar e diplomática — não distraiu os líderes do movimento de sua estratégia para a questão que consideravam mais importante: criar um Estado ao mesmo tempo democrático e judeu na porção da Palestina em que conseguissem colocar as mãos. Ou, posto de outra forma: o que fazer com a população palestina em um futuro Estado judeu?

As muitas deliberações acerca dessa questão acabaram em 10 de março de 1948, quando o alto comando produziu o famoso Plano Dalet, Plano D, que indicava o destino dos palestinos moradores das áreas que seriam ocupadas pelas forças judaicas. Os debates foram conduzidos pelo líder da comunidade judaica, David Ben-Gurion, que estava determinado a garantir exclusividade demográfica para os judeus em qualquer Estado futuro. Essa obsessão orientou seus atos não só antes de 1948, mas também durante muito tempo

---

* Materiais novos e mais aprofundados sobre essa guinada foram apresentados em um livro recente de Irene Gendzier, *Dying to Forget: Oil, Power, Palestine, and the Foundations of US Policy in the Middle East*, Nova York: Columbia University Press, 2015.

após a criação do Estado de Israel. Como veremos, isso o levou a orquestrar a limpeza étnica da Palestina em 1948 e a se opor à ocupação da Cisjordânia em 1967.

Nos dias imediatamente após a Resolução de Partição ser adotada, Ben-Gurion disse a seus colegas de liderança que um Estado judeu onde os judeus representavam apenas 60 por cento da população não seria viável. Todavia ele não revelou que porcentagem de palestinos tornaria o futuro Estado inviável. Mesmo assim, a mensagem que passou aos seus generais — e, por meio deles, às tropas no campo de batalha — foi clara: quanto menos palestinos em um Estado judeu, melhor. É por isso que, como provaram pesquisadores palestinos como Nur Masalha e Ahmad Sa'di, ele também tentou se livrar dos palestinos que permaneceram dentro do Estado judeu após a guerra ("a minoria árabe*").

Outro acontecimento do período entre 29 de novembro de 1947 (adoção da resolução da ONU) e 15 de maio de 1948 (término do Mandato Britânico) ajudou o movimento sionista a se preparar melhor para os dias vindouros. Conforme se aproximava o fim do Mandato, as forças britânicas se retiravam através do porto de Haifa. Sempre que desocupavam um território, as forças da comunidade judaica tomavam conta dele, removendo a população local antes mesmo do fim do Mandato. O processo começou com alguns vilarejos em fevereiro de 1948 e culminou em abril com a limpeza étnica de Haifa, Jaffa, Safad, Beisan, Acre e Jerusalém Ocidental. Essas últimas etapas já haviam sido sistematicamente planejadas como parte do plano principal, o Plano D, preparado junto ao

---

* Ahmad Sa'di, "The Incorporation of the Palestinian Minority by the Israeli State, 1948–1970: On the Nature, Transformation and Constraints of Collaboration", *Social Text*, 21:2, 2003, pp. 75–94.

alto comando do Haganá, principal ala militar da comunidade judaica. O plano incluía as seguintes referências inequívocas quanto aos métodos a serem empregados no processo de limpeza étnica da população:

> Destruição de vilarejos (atear fogo, explodir e plantar minas entre os destroços), sobretudo dos centros populacionais de difícil controle continuado [...]
> Estruturação de operações de busca e controle de acordo com as seguintes diretrizes: cercar o vilarejo e conduzir uma busca em seu interior. No caso de resistência, a força armada deve ser destruída e a população precisa ser expulsa para fora dos limites do Estado*.

Como o pequeno exército israelense pôde dar cabo de operações de limpeza étnica em grande escala enquanto, desde 15 de maio, também se confrontava com as forças regulares do mundo árabe? Em primeiro lugar, cabe apontar que a população urbana (à exceção de três cidades: Lydd, Ramleh e Bir Saba) já havia sido expulsa antes da chegada dos exércitos árabes. Em segundo lugar, a área rural palestina já estava sob controle israelense, e os confrontos com os exércitos árabes ocorreram nas divisas dessas áreas rurais, e não dentro delas. Em dada ocasião, em Lydd e Ramleh, quando os jordanianos poderiam ter ajudado os palestinos, o comandante britânico do exército jordaniano, Sir John Glubb, decidiu recuar e evitar o confronto com o exército israelense**. Por fim, o esforço

---

* Walid Khalidi, "Plan Dalet: Master Plan for the Conquest of Palestine", *Journal of Palestine Studies*, 18:1, 1988, pp. 4–33.
** Benny Morris, *The Birth of the Palestinian Refugee Problem Revisited*, Cambridge: Cambridge University Press, 2004, p. 426.

militar árabe foi lamentavelmente ineficaz e pouco duradouro. Após algum sucesso nas primeiras três semanas, sua presença na Palestina se converteu em uma história atabalhoada de derrotas e recuos apressados. Assim, após uma breve trégua perto do final de 1948, a limpeza étnica israelense continuou inabalável.

Hoje, desde o nosso ponto de vista privilegiado, não há como definir as ações israelenses dentro da Palestina senão como crime de guerra. Na verdade, como crime contra a humanidade. Se ignorarmos esse duro fato, jamais entenderemos o que há por trás da postura de Israel em relação à Palestina, à sociedade e ao sistema político palestinos. O crime cometido pelas lideranças do movimento sionista, que se tornaram o governo de Israel, foi o de limpeza étnica. Não se trata de mera retórica, mas de uma acusação com implicações morais, políticas e legais de grande impacto. A definição deste crime foi esclarecida após a guerra civil dos Balcãs nos anos 1990: limpeza étnica é qualquer ação movida por um grupo étnico que deseja expulsar outro grupo étnico com o propósito de transformar uma região multiétnica em pura. Essa ação configura limpeza étnica, independentemente dos métodos empregados para alcançá-la — seja persuasão, ameaças, expulsões ou grandes massacres.

Além disso, o ato em si determina a definição; assim sendo, certas políticas foram consideradas limpeza étnica pela comunidade internacional, mesmo quando não se descobriu ou expôs um plano central para a sua execução. Por consequência, as vítimas de limpeza étnica incluem tanto pessoas que deixaram sua casa por medo como aquelas expulsas a força por uma operação contínua. As definições e referências aqui relevantes podem ser encontradas em sites como o do Departamento de Estado dos EUA e o das Nações Unidas*. Essas são as principais definições que guiam o tribunal internacional em Haia quando lhe cabe julgar os responsáveis por planejar e executar tais operações.

Um estudo dos escritos e pensamentos dos primeiros líderes sionistas revela que, em 1948, esse crime era inevitável. O objetivo do sionismo não havia mudado: tomar a maior parte possível do Mandato da Palestina e remover a maioria dos vilarejos e bairros urbanos palestinos do espaço delineado para o futuro Estado judeu. A execução foi ainda mais sistemática e abrangente do que o plano previa. Em questão de sete meses, 531 vilarejos foram destruídos e onze bairros urbanos, esvaziados. A expulsão em massa foi acompanhada de massacres, estupros e confinamento de homens acima de dez anos em campos de trabalho por períodos superiores a um ano**.

A implicação política disso é que Israel é o único culpado pela criação do problema dos refugiados palestinos, pelo qual é responsável legal e moral. A implicação legal é que, mesmo havendo limitações estatuárias após um período tão longo para aqueles que perpetraram um ato entendido como crime contra a humanidade, o ato em si continua sendo um crime pelo qual ninguém jamais foi levado a julgamento. A implicação moral é que o Estado judeu nasceu do pecado — como tantos outros Estados, é claro —, mas o pecado, ou o crime, jamais foi admitido. Ainda pior, em alguns círculos de Israel isso é reconhecido, mas, ao mesmo tempo, totalmente justificado tanto em retrospectiva quan-

---
* Departamento de Estado dos EUA, *Special Report on Ethnic Cleansing*, 10 de maio de 1999.
** Detalho isso em *A limpeza étnica da Palestina*.

to como uma política futura contra os palestinos, onde quer que estejam. O crime ainda é cometido hoje.

Todas essas implicações foram completamente ignoradas pela elite política israelense. Ao invés disso, uma lição muito diferente foi aprendida com os acontecimentos de 1948: que é possível, enquanto Estado, expulsar metade da população de um país, destruir metade de seus vilarejos e sair impune. A consequência dessa lição, logo depois de 1948 e em tempos futuros, era inevitável: a continuidade da política de limpeza étnica por outros meios. Houve alguns marcos bem conhecidos nesse processo: a expulsão de mais aldeões entre 1948 e 1956 de Israel propriamente dito; a transferência forçada de 300 mil palestinos da Cisjordânia e da Faixa de Gaza durante a guerra de 1967; e uma remoção muito calculada, e constante, dos palestinos residentes na área da Grande Jerusalém — uma estimativa de mais de 250 mil pessoas até o ano 2000.

Após 1948, a política de limpeza étnica assumiu muitas formas. Em diversas partes dos territórios ocupados e dentro de Israel, a política de expulsão foi substituída pela proibição de que as pessoas deixassem seus bairros ou vilarejos. O confinamento dos palestinos ao local de residência servia ao mesmo propósito que a expulsão. Quando estão cercados em enclaves — como nas áreas A, B e C da Cisjordânia, sob o Acordo de Oslo, ou em vilarejos e bairros de Jerusalém declarados parte da Cisjordânia, ou no Gueto de Gaza — eles não são contabilizados demograficamente, nem nos censos oficiais nem nos informais, que é o que interessa para os estrategistas políticos israelenses.

Enquanto as implicações plenas das políticas de limpeza étnica passadas e presentes de Israel não forem reconhecidas e combatidas pela comunidade internacional, não haverá solução para o conflito israelo-palestino. Ignorar a questão dos refugiados palestinos sabotará reiteradamente qualquer tentativa de reconciliar as duas partes conflitantes. Por isso é tão importante reconhecer os acontecimentos de 1948 como operação de limpeza étnica, de modo a garantir que uma solução política não irá ignorar a raiz do conflito; a saber, a expulsão dos palestinos. No passado, essa omissão foi o motivo principal para o fracasso de todos os acordos de paz tentados.

Se as lições legais não forem aprendidas, sempre perdurarão impulsos de revide e um desejo de vingança do lado palestino. O reconhecimento legal da Nakba de 1948 como ato de limpeza étnica pavimentaria o caminho para alguma forma de justiça restauradora. Seria como o processo recente ocorrido na África do Sul. A admissão da maleficência passada não é feita com o intuito de entregar os criminosos à justiça, mas antes de submeter o crime em si à atenção e ao julgamento do público. A decisão final não será punitiva — não haverá punição —, mas antes restaurativa: as vítimas serão compensadas. A compensação mais razoável para o caso específico dos refugiados palestinos já foi apontada de forma explícita em dezembro de 1948 pela Assembleia Geral da ONU em sua Resolução 194: o retorno incondicional dos refugiados e de suas famílias à sua pátria (e, nos casos em que for possível, às suas casas). Sem essa restituição, o Estado de Israel continuará sendo um enclave hostil no coração do mundo árabe, o último lembrete de um passado colonialista que complica a relação de Israel não só com os palestinos, mas com o mundo árabe como um todo.

É importante notar, contudo, que há judeus em Israel que absorveram todas essas lições. Nem todos os judeus são indiferentes ou ignorantes em relação a Nakba. Hoje eles não se restringem a uma pequena minoria, mas a um grupo cuja presença se faz sentir, demonstrando que ao menos parte dos cidadãos judeus não é surda perante o choro, a dor e a devastação dos assassinados, estuprados ou feridos durante 1948. Eles estão cientes dos milhares de cidadãos palestinos detidos e aprisionados nos anos 1950, e reconhecem o massacre de Kafr Qasim em 1956, quando cidadãos do Estado foram assassinados pelo exército apenas por serem palestinos. Eles sabem dos crimes de guerra cometidos ao longo da guerra de 1967 e do bombardeio impiedoso de campos de refugiados em 1982. Eles não esqueceram das violações físicas infligidas a jovens palestinos nos territórios ocupados dos anos 1980 em diante. Esses judeus israelenses não ignoram os acontecimentos e ainda hoje podem escutar as vozes dos oficiais militares que ordenaram a execução de pessoas inocentes e as risadas dos soldados que assistiam, imóveis.

Eles também podem ver os escombros dos 531 vilarejos destruídos e dos bairros arruinados. Veem o que todos os israelenses podem ver, mas em sua maioria preferem não fazê-lo: os vestígios de vilarejos sob as casas dos *kibutzim* e sob os pinheiros das florestas do Fundo Nacional Judaico (FNJ). Eles não esqueceram o que aconteceu, mesmo quando o resto da sociedade o fez. Talvez por isso entendam totalmente a conexão entre a limpeza étnica de 1948 e os acontecimentos que perduram até os dias de hoje. Reconhecem a ligação entre os heróis da guerra de independência de Israel e aqueles que comandaram a repressão cruel das duas Intifadas. Jamais tomaram Yitzhak Rabin ou Ariel Sharon por heróis da paz. Também se recusam a ignorar as conexões óbvias entre a construção do muro e uma política mais ampla de limpeza étnica.

As expulsões de 1948 e o confinamento de pessoas entre muros hoje são consequências inevitáveis da mesma ideologia étnica racista. Eles tampouco deixam de reconhecer a ligação entre as ações desumanas infligidas em Gaza desde 2006 e essas práticas e políticas do passado. Tamanha desumanidade não surge no vácuo, tem uma história e uma infraestrutura ideológica que a justifica.

Dado que as lideranças políticas palestinas negligenciaram esse aspecto do conflito, é a sociedade civil palestina que tem guiado esforços para recolocar os acontecimentos de 1948 no centro da agenda nacional. Dentro e fora de Israel, ONGs palestinas como BADIL, ADRID e Al-Awda coordenam sua luta para preservar a memória de 1948 e explicar por que é crucial se engajar nos acontecimentos daquele ano em prol do futuro.

6
A Guerra de Junho de 1967 foi uma guerra "sem escolha"

Em junho de 1982, após os ataques de Israel ao Líbano, houve muito debate em torno do anúncio oficial de que a nação não teve escolha senão seguir o curso das ações violentas que executou. Naquela época, a opinião pública israelense estava dividida entre os que consideravam a campanha necessária e justificada e os que duvidavam de sua validade moral. Ao argumentarem, os dois lados usaram a guerra de 1967 como referência, identificando o conflito anterior como um exemplo inquestionável de uma guerra "sem escolha". Isso é um mito[*].

De acordo com a narrativa aceita, a guerra de 1967 forçou Israel a ocupar a Cisjordânia e a Faixa de Gaza, e a mantê-las sob sua custódia até que o mundo árabe, ou os palestinos, estivessem dispostos a firmar a paz com o Estado judeu. Desse mito decorre outro — que discutirei em um capítulo à parte —, segundo o qual os líderes palestinos são intransi-

---

[*] Nem todos concordam com esse argumento. Ver Avi Shlaim, *Israel and Palestine: Reprisals, Revisions, Refutations*, Nova York e Londres: Verso, 2010.

gentes e, portanto, a paz é impossível. O argumento anterior dá a impressão de que o governo israelense é temporário: os territórios precisam permanecer sob custódia, à espera de uma postura mais "razoável" dos palestinos.

Para reavaliarmos a guerra de 1967, devemos antes voltar à guerra de 1948. A elite política e militar israelense vê essa última como uma oportunidade desperdiçada: um momento histórico em que Israel poderia, e deveria, ter ocupado toda a Palestina histórica, desde o Rio Jordão até o Mar Mediterrâneo. Isso só não foi feito em razão de um acordo com a vizinha Jordânia. Este conluio foi negociado durante os últimos dias do Mandato Britânico e, uma vez finalizado, limitou a participação militar do exército jordaniano nos esforços de guerra gerais dos árabes em 1948. Em troca, permitiu-se à Jordânia anexar áreas da Palestina que se tornaram a Cisjordânia. David Ben-Gurion, que manteve o acordo anterior a 1948 intacto, chamou a decisão de entregar a Cisjordânia aos jordanianos de *bechiya ledorot* — literalmente, uma decisão que seria lamentada pelas gerações futuras. Uma tradução mais metafórica poderia ser "um erro histórico fatal".*

Desde 1948, setores importantes da elite cultural, militar e política judaica vinham buscando uma oportunidade para retificar esse erro. De meados dos anos 1960 em diante eles planejaram em detalhes a criação de um Grande Israel que incluiria a Cisjordânia**. Eles quase executaram o plano

---

* Shlaim, *Collusion Across the Jordan*.
** Para mais sobre esse lobby e seu trabalho, ver o livro de Tom Segev *1967: Israel and the War That Transformed the Middle East*, Nova York: Holt and Company, 2008, e Ilan Pappe, "The Junior Partner: Israel's Role in the 1958 Crisis", in: Roger Louis e Roger Owen (eds.), *A Revolutionary Year: The Middle East in 1958*, Londres e Nova York: I. B. Tauris, 2002, pp. 245-74.

em diversas conjunturas históricas, recuando apenas no último instante. Os casos mais notórios foram 1958 e 1960, quando David Ben-Gurion abortou a execução do plano por temer a reação internacional, no primeiro caso, e por razões demográficas, no segundo (calculando que Israel não seria capaz de incorporar um número tão grande de palestinos). A melhor oportunidade surgiu com a guerra de 1967. Explorarei as origens da guerra mais adiante neste capítulo, e argumentarei que, independentemente da narrativa histórica de suas causas, é preciso olhar com atenção para o papel desempenhado pela Jordânia. Era mesmo necessário, por exemplo, ocupar e reter a Cisjordânia para manter as relações relativamente boas que Israel tinha com a Jordânia desde 1948? Se a resposta for não, como acho que é, isso nos leva à questão de por que Israel optou por essa política, e o que isso nos diz da probabilidade de Israel vir a abrir mão da Cisjordânia no futuro. Mesmo que, como aponta a mitologia oficial israelense, a Cisjordânia tenha sido ocupada em retaliação às agressões jordanianas de 5 de junho de 1967, fica a questão de por que Israel permaneceu na Cisjordânia após a ameaça ter se dissipado. Afinal de contas, há muitos exemplos de ações militares agressivas que não resultaram na expansão territorial do Estado de Israel. Como tentarei mostrar neste capítulo, o plano de incorporar a Cisjordânia e a Faixa de Gaza ao território de Israel já existia em 1948, embora sua implementação só tenha começado em 1967.

A guerra de 1967 era inevitável? Podemos começar nossa resposta em 1958 — descrito na literatura acadêmica sobre o Oriente Médio como o ano revolucionário. Nesse ano, as ideias radicais e progressistas que levaram os Oficiais Livres do Egito a tomar o poder no Cairo começaram a impactar todo o mundo árabe. Essa tendência recebeu apoio da União Soviética e, como seria quase inevitável, foi desafiada pelos Estados Unidos. Essa "encenação" da Guerra Fria no Oriente Médio abriu oportunidades para aqueles em Israel que buscavam um pretexto para corrigir o "erro histórico fatal" de 1948. Isso foi impulsionado por um poderoso lobby dentro do governo e do exército de Israel, guiado pelos heróis de guerra de 1948 Moshe Dayan e Yigal Allon. Quando se formou um consenso no Ocidente, segundo o qual o "radicalismo" que emergia no Egito poderia engolfar outros países, incluindo a Jordânia, o lobby recomendou ao primeiro-ministro Ben-Gurion que procurasse a Organização do Tratado do Atlântico Norte (OTAN) para defender a ideia de uma invasão preventiva da Cisjordânia por Israel*.

Esse cenário se tornou ainda mais plausível depois que o Iraque caiu nas mãos de oficiais progressistas, ou mesmo radicais. Em 14 de julho de 1958, um grupo de oficiais iraquianos empreendeu um golpe militar que derrubou a dinastia Hachemita. Os Hachemita haviam sido colocados no poder pelos britânicos em 1921 para manter o Iraque sob a esfera de influência do Ocidente. Uma mistura de recessão econômica, nacionalismo e conexões fortes com o Egito e a URSS desencadearam um movimento de protestos que resultou na tomada do poder pelos oficiais. Ela foi conduzida por um grupo que se autodenominava Oficiais Livres, liderado por Abd al-Karim Qasim, que, inspirado pelo grupo que havia derrubado a monarquia no Egito seis anos antes, substituiu a monarquia pela república do Iraque.

À época, também se temia no Ocidente que o Líbano fosse a próxima região a ser tomada por forças revolucioná-

---

* Ilan Pappe, "The Junior Partner", op. cit..

rias. A OTAN decidiu prevenir esse cenário enviando suas próprias forças (a Marinha dos EUA para o Líbano e as Forças Especiais Britânicas para a Jordânia). Não havia necessidade, tampouco vontade, de envolver Israel na guerra fria que se desenrolava no mundo árabe*. Quando Israel manifestou sua ideia de "salvar" ao menos a Cisjordânia, Washington rechaçou-a com firmeza. Parece, todavia, que Ben-Gurion ficou muito contente por ser barrado naquele momento. Ele não desejava sabotar a conquista demográfica de 1948 — não queria alterar o equilíbrio entre população árabe e judaica em um novo "grande" Israel incorporando os palestinos residentes na Cisjordânia**. Em seu diário, ele relata que explicara aos seus ministros que ocupar a Cisjordânia constituiria um grave perigo demográfico: "Falei a eles sobre o perigo de incorporar um milhão de árabes a um Estado cuja população é de 1,75 milhão***". Pelo mesmo motivo, ele se precaveu a outra tentativa do lobby mais predatório de explorar outra crise dois anos mais tarde, em 1960. Enquanto Ben-Gurion esteve no poder, o lobby, descrito com tanto brilhantismo no livro 1967 de Tom Segev, não alcançaria seus objetivos. No entanto, em 1960 havia se tornado muito mais difícil conter o lobby. Naquele ano, todos os ingredientes que marcariam a crise de 1967 já estavam na mesa e apresentavam o mesmo risco de provocar uma guerra. Mas a guerra foi evitada, ou ao menos postergada.

Em 1960, o primeiro ator relevante em cena era o presidente egípcio, Gamal Abdel Nasser, que adotou uma diplomacia de risco, como faria seis anos depois. Nasser intensifi-

---
* Ibid.
** Ibid.
*** Ben-Gurion Archive, Ben-Gurion Diary, 19 de agosto de 1958.

cou sua retórica de guerra contra Israel, ameaçando deslocar suas tropas à desmilitarizada Península do Sinai e bloquear a passagem de navios na cidade de Eilat, ao Sul. Sua motivação foi a mesma em 1960 e 1967: ele temia que Israel atacasse a Síria, país que, entre as guerras de 1958 e 1962, manteve uma união formal com o Egito chamada de República Árabe Unida (RAU). Desde que Israel e Síria assinaram um acordo de armistício no verão de 1949, algumas questões ficaram pendentes de resolução. Dentre elas estavam algumas porções de terra, classificadas pela ONU como "terras de ninguém", cobiçadas pelos dois lados. De tempos em tempos, Israel incentivava membros dos *kibutzim* e assentamentos adjacentes a essas terras a cultivá-las, sabendo muito bem que isso provocaria uma resposta da Síria a partir das Colinas de Golã acima delas. Foi exatamente o que aconteceu em 1960, quando a situação se agravou de forma previsível em um ciclo de olho por olho: a força aérea israelense foi usada para ganhar experiência real de batalha e demonstrar sua supremacia em relação aos jatos russos usados pela força aérea síria. Houve combates aéreos, troca de artilharia e registro de queixas ao comitê de armistício; uma calmaria tensa reinaria até a erupção seguinte de violência*.

Uma segunda fonte de atrito entre Síria e Israel foi a construção pelos israelenses de um sistema nacional de transporte de água — "national water carrier" é o nome oficial, em inglês, que os israelenses deram a um imenso projeto que inclui viadutos, tubulações e canais — entre os estuários do Rio Jordão e o sul do país. Os trabalhos no pro-

---

* Para uma versão muito honesta desses acontecimentos, ver David Shaham, *Israel: The First Forty Years*, Tel Aviv: Am Oved, 1991, pp. 239-47 (em hebraico).

jeto começaram em 1953 e incluíram a extração de recursos aquáticos de vital necessidade para a Síria e o Líbano. Em resposta, os líderes sírios conseguiram convencer seus aliados egípcios na RAU de que Israel poderia lançar uma ofensiva militar com força total contra a Síria, a fim de garantir o ponto estratégico das Colinas de Golã e os recursos do Rio Jordão.

Nasser tinha outro motivo para interferir no precário equilíbrio dentro e ao redor da Palestina histórica. Ele queria romper a inércia diplomática do período e desafiar a indiferença global à questão palestina. Como Avi Shlaim mostrou em seu livro *A muralha de ferro*, Nasser tinha esperanças de encontrar uma maneira de sair do impasse quando negociou com Moshe Sharret, pacífico ministro do exterior israelense e, durante um breve período em meados dos anos 1950, primeiro-ministro[*]. Contudo, Nasser entendeu que o poder estava nas mãos de Ben-Gurion, e com seu retorno ao cargo de primeiro-ministro em 1955 já não havia muita esperança de paz entre os dois Estados.

Durante as negociações, os dois lados debateram a possibilidade de uma passagem de terra egípcia no Neguev em troca do fim do impasse. Foi uma ideia incipiente que não teve maiores desdobramentos, e não temos como saber se ela teria levado a um tratado de paz bilateral. O que sabemos é que havia poucas chances de qualquer acordo de paz bilateral entre Israel e Egito enquanto Ben-Gurion fosse primeiro-ministro de Israel. Mesmo fora do poder, ele usou suas relações dentro do exército para convencer os comandantes a lançarem diversas operações militares e provocarem as

---

[*] Ver Shlaim, *A muralha de ferro*.

forças egípcias na Faixa de Gaza durante o curso das negociações. O pretexto para essas operações era a infiltração de refugiados palestinos em Israel desde a Faixa de Gaza, em uma zona que foi se tornando cada vez mais militarizada até se transformar em uma verdadeira guerra de guerrilha contra o Estado judeu. Israel reagiu destruindo bases egípcias e matando soldados egípcios*.

Os esforços de paz foram enterrados para todos os efeitos assim que Ben-Gurion retornou ao poder e se uniu em 1956 a França e Grã-Bretanha em uma aliança militar cujo objetivo era derrubar Nasser. Não surpreende que, quatro anos depois, ao cogitar uma guerra contra Israel, Nasser tenha encarado os próprios atos como um movimento preventivo para salvar seu regime de um possível ataque anglo-franco-israelense. Assim, em 1960, quando a tensão na fronteira entre Israel e Síria aumentou e não havia nenhum progresso na frente diplomática, Nasser explorou uma nova estratégia, à qual nos referimos antes como "diplomacia de risco". O propósito de seu exercício era testar constantemente os limites das possibilidades. Nesse caso, examinar o quanto as preparações e ameaças militares poderiam mudar a realidade política sem que houvesse guerra de fato. O sucesso dessa diplomacia de risco depende não só de quem a inicia, mas também das reações imprevisíveis daqueles contra quem a política é adotada. E é aí que tudo pode dar muito errado, como aconteceu em 1967.

Nasser implementou essa estratégia pela primeira vez em 1960, e repetiu-a de forma similar em 1967. Ele enviou forças à Península do Sinai — supostamente uma zona des-

---

* Ilan Pappe, "The Junior Partner", op. cit. pp. 251–2.

militarizada, pelo acordo que encerrara a guerra de 1956. O governo israelense e a ONU agiram com muita sensatez ao se depararem com essa ameaça em 1960. O secretário-geral da ONU, Dag Hammarskjöld, assumiu uma postura firme e exigiu a retirada imediata das forças egípcias. O governo israelense convocou suas forças da reserva, mas enviou uma mensagem clara de que não iniciaria uma guerra*.

Tudo isso teve um papel importante para desencadear a violência às vésperas da guerra de 1967. Duas personalidades, contudo, já não estavam envolvidas: David Ben-Gurion e Dag Hammarskjöld. Ben-Gurion havia deixado o cenário político em 1963. Por ironia, somente após sua partida o lobby em prol de um Grande Israel conseguiu planejar o passo seguinte. Até então, a obsessão demográfica de Ben-Gurion havia evitado a tomada da Cisjordânia, mas também resultou na administração militarizada imposta por Israel a diversos grupos palestinos, algo bem conhecido hoje. A abolição desse regime em 1966 permitiu que um aparato já estabelecido controlasse tanto a Cisjordânia como a Faixa de Gaza mesmo antes da erupção da Guerra de Junho de 1967. O governo militar imposto por Israel à minoria palestina em 1948 se baseava nas regulações emergenciais do Mandato Britânico, que tratavam a população civil como um potencial grupo estrangeiro, despojando-a assim de seus direitos humanos e civis básicos. Governadores militares foram empossados em áreas palestinas com autoridade executiva, judicial e legislativa. Em 1966 essa máquina já estava muito bem azeitada e incluía centenas de empregados que

---

* Ami Gluska, *The Israeli Military and the Origins of the 1967 War: Government, Armed Forces and Defence Policy, 1963–1967*, Londres e Nova York: Routledge, 2007, pp. 121-2.

serviriam de núcleo para um regime semelhante quando ele fosse imposto à Cisjordânia e à Faixa de Gaza.

Assim, o governo militar abolido em 1966 foi imposto em 1967 nessas duas regiões; e tudo estava pronto para uma invasão. Desde 1963, um grupo de especialistas israelenses do exército, do serviço público e da academia vinha se preparando para a transição, elaborando um manual detalhado para administrar um território seguindo regulações de emergência, caso surgisse a oportunidade*. Isso conferiu poder absoluto ao exército em todas as esferas da vida. A oportunidade para deslocar esse aparato de um grupo palestino (a minoria palestina em Israel) a outro (os palestinos na Cisjordânia e na Faixa de Gaza) surgiu em 1967, quando a diplomacia de risco de Nasser foi encorajada pelas lideranças soviéticas, que tinham convicção de que um ataque israelense na Síria era iminente nos últimos dias de 1966**. No verão daquele ano, um novo grupo de oficiais e ideólogos havia perpetrado um golpe militar e assumido o poder do Estado sírio (então conhecido como o novo "Ba'ath"). Uma das primeiras ações do novo regime foi enfrentar com maior firmeza os planos de Israel de explorar as águas do Rio Jordão e de seus estuários. Eles começaram a construir seu próprio sistema de distribuição nacional e desviaram o rio para seus próprios fins. O exército israelense bombardeou o novo projeto, o que levou

---

* Discuti isso em detalhes em Ilan Pappe, "Revisiting 1967: The False Paradigm of Peace, Partition and Parity", *Settler Colonial Studies*, 3:3-4, 2013, pp. 341-51.

** À sua maneira típica, Norman Finkelstein esmiúça a narrativa oficial de Israel conforme apresentada por um de seus melhores articulistas, Abba Eban, e a desmantela. Ver seu *Imagem e realidade do conflito Israel-Palestina*, Rio de Janeiro: Record, 2005.

a enfrentamentos aéreos frequentes e cada vez mais intensos entre as duas aeronáuticas. O novo regime da Síria também tinha um olhar favorável para o recém-formado movimento de libertação nacional da Palestina. Isso, por sua vez, estimulou o Fatah a dar início a uma guerra de guerrilha contra Israel nas Colinas de Golã, usando o Líbano como base de lançamento para os seus ataques. Isso só serviu para aumentar a tensão entre os dois Estados.

Aparentemente, até abril de 1967 Nasser ainda esperava que o seu histrionismo fosse suficiente para forçar uma mudança de *status quo*, sem que fosse preciso recorrer à guerra. Ele assinou um tratado de defesa com a Síria em novembro de 1966, declarando sua intenção de prestar ajuda caso o país fosse atacado por Israel. Ainda assim, a deterioração da fronteira entre Israel e Síria atingiu um grau ainda mais baixo em abril de 1967. Israel empreendeu um ataque militar às forças sírias nas Colinas de Golã que tinha por objetivo, segundo o então chefe das forças armadas israelenses, Yitzhak Rabin, "humilhar a Síria"[*]. Naquele ponto, Israel parecia estar fazendo todo o possível para provocar uma guerra no mundo árabe. Só então Nasser decidiu repetir seu gambito de 1960 e despachar tropas à Península do Sinai, fechando o Estreito de Tiran, uma pequena passagem que conecta o Golfo de Aqaba ao Mar Vermelho e, portanto, capaz de interromper, ou retardar, o tráfego marítimo até Eilat, o porto mais austral de Israel. Como em 1960, Nasser esperou para ver como a ONU reagiria. Em 1960, Dag Hammarskjöld não tinha ficado im-

---

[*] De uma entrevista concedida por Rabin, em 12 de maio de 1967, ao veículo de notícias UPI, na qual também ameaçou derrubar o regime sírio. Ver Jeremy Bowen, *Six Days: How the 1967 War Shaped the Middle East*, Londres: Simon and Schuster UK, 2004, pp. 32–3.

pressionado e não removeu as tropas da ONU instaladas lá desde 1956. O novo secretário-geral, U Thant, não estava tão convicto e retirou as forças da ONU quando as tropas egípcias adentraram a Península. Isso elevou ainda mais as tensões.

Entretanto, o fator mais importante nessa corrida para a guerra foi a ausência de qualquer desafio oficial à belicosidade dentro das lideranças israelenses da época. Isso poderia ter gerado algum atrito interno, que atrasaria o desejo predatório de um conflito e permitiria à comunidade internacional buscar uma solução pacífica. Os Estados Unidos empreendiam um esforço diplomático que ainda estava em suas etapas iniciais quando Israel desferiu seu ataque aos vizinhos árabes em 5 de junho de 1967. O gabinete israelense não tinha a intenção de fornecer o tempo necessário aos negociantes da paz. Aquela era uma oportunidade de ouro que não podiam desperdiçar.

Em reuniões decisivas do gabinete israelense antes da guerra, Abba Eban perguntou ingenuamente aos comandantes das forças armadas e a seus colegas qual era a diferença entre a crise de 1960 e a situação de 1967, pois achava que essa última poderia ser resolvida da mesma maneira*. É "uma questão de honra e dissuasão", foi a resposta que lhe deram. Eban respondeu que perder jovens soldados era um custo humano muito alto a se pagar apenas em nome da honra e da dissuasão. Suspeito que tenham dito a ele outras coisas que não foram registradas nas atas, provavelmente sobre a importância de entender que aquela era uma oportunidade histórica para corrigir o "erro histórico fatal" de não ocupar a Cisjordânia em 1948.

---

* Ibid.

A guerra começou no início da manhã de 5 de junho com um ataque israelense às forças aéreas egípcias, que quase a destruíram. Ainda no mesmo dia, sucederam-se ataques às forças aéreas da Síria, do Iraque e da Jordânia. Forças israelenses também invadiram a Faixa de Gaza na Península do Sinai e chegaram nos dias seguintes ao Canal de Suez, ocupando a península inteira. O ataque às forças aéreas jordanianas desencadeou a captura pelos jordanianos de uma pequena zona da ONU situada entre as duas partes de Jerusalém. Em três dias, após contendas violentas, o exército de Israel havia capturado Jerusalém Oriental (em 7 de junho), e dois dias depois expulsou as forças jordanianas da Cisjordânia.

Em 7 de junho, o governo israelense ainda estava em dúvida quanto a iniciar uma nova frente de batalha contra os sírios nas Colinas de Golã, mas o sucesso espantoso nos outros fronts persuadiu os políticos a permitirem que o exército ocupasse as Colinas. Em 11 de junho, Israel havia se tornado um mini-império, controlando as Colinas de Golã, a Cisjordânia, a Faixa de Gaza e a Península do Sinai. Neste capítulo, vou focar na decisão israelense de ocupar a Cisjordânia.

Às vésperas da guerra, a Jordânia havia ingressado em uma aliança militar com Síria e Egito segundo a qual, no instante em que Israel atacasse o Egito, a Jordânia seria obrigada a entrar na guerra. A despeito desse compromisso, o Rei Hussein enviou mensagens explícitas a Israel de que, caso uma guerra começasse, ele teria que fazer alguma coisa, mas sua reação seria breve e não incluiria uma guerra de verdade (posição muito semelhante à de seu avô em 1948). Na prática, o envolvimento jordaniano foi mais do que simbólico. Ele incluiu um bombardeio pesado de Jerusalém Ocidental e dos subúrbios a leste de Tel Aviv. Todavia, é importante observar a que a Jordânia reagia: suas forças aéreas haviam sido totalmente destruídas por Israel algumas horas mais cedo, por volta do meio-dia de 5 de junho. Assim, o Rei Hussein se sentiu obrigado a reagir com maior força do que provavelmente pretendia.

O problema era que o exército não estava sob seu controle, pois era comandado por um general egípcio. A narrativa corrente desses acontecimentos se baseia nas memórias do próprio Hussein e de Dean Rusk, secretário de Estado dos EUA à época. Segundo essa narrativa, Israel enviou uma mensagem conciliatória a Hussein pedindo que ele não se envolvesse na guerra (apesar da destruição das forças aéreas jordanianas). No primeiro dia, Israel ainda não estava disposto a levar muito longe sua ofensiva à Jordânia, mas a reação desta à destruição de suas forças aéreas levaram Israel a uma operação muito mais ampla no segundo dia. Hussein chegou a escrever em seu livro de memórias que mantivera o tempo todo a esperança de que alguém evitaria aquela insanidade, pois ele não podia desobedecer aos egípcios nem arriscar uma guerra. No segundo dia, instou os israelenses a se acalmarem e apenas então, segundo sua narrativa, Israel deu início a uma operação maior*.

Há dois problemas com essa narrativa. Como seria possível esperar uma mensagem de reconciliação após o ataque às forças aéreas jordanianas? Mais importante, mesmo a narrativa segundo a qual Israel ainda estava em dúvidas de como lidar com a Jordânia no primeiro dia deixa explícito

---

* Ver Avi Shlaim, "Walking the Tight Rope", in: Avi Shlaim e Wm. Roger Louis (eds.), *The 1967 Arab-Israeli War: Origins and Consequences*, Cambridge: Cambridge University Press, 2012, p. 114.

que, no segundo dia, os israelenses já não estavam dispostos a dar trégua ao oponente. Como Norman Finkelstein observou corretamente, se a intenção fosse destruir o que ainda restava do exército jordaniano e manter relações com o país árabe mais leal a Israel, uma curta operação na Cisjordânia, sem ocupação, teria sido suficiente*. O historiador israelense Moshe Shemesh examinou as fontes jordanianas e concluiu que, após o ataque de Israel ao vilarejo palestino de Samua em novembro de 1966 em uma tentativa de derrotar as guerrilhas palestinas, o alto comando jordaniano se convenceu de que Israel pretendia ocupar a Cisjordânia à força**. Eles não estavam errados.

Isso não aconteceu em 1966, como temiam, mas um ano depois. Toda a sociedade israelense estava inflamada pelo projeto messiânico de "libertar" os locais sagrados do judaísmo e fazer de Jerusalém a joia da nova coroa do Grande Israel. Sionistas de esquerda e de direita, e os apoiadores de Israel no Ocidente, também foram contagiados — e hipnotizados — por essa histeria eufórica. Além disso, o país não tinha nenhuma intenção de deixar a Cisjordânia e a Faixa de Gaza logo após a sua ocupação; em realidade, não desejava deixá-las em nenhum cenário. Essa postura deveria servir como mais uma prova da responsabilidade israelense pela deterioração final da crise de maio de 1967, transformando-a em uma guerra plena.

A importância dessa conjuntura histórica para Israel pode ser vista no modo como o governo suportou a forte pressão internacional para que se retirasse de todos os

---
* Norman Finkelstein, *Image and Reality*, op. cit. pp. 125–35.
** Moshe Shemesh, *Arab Politics, Palestinian Nationalism and the Six Day War*, Brighton: Sussex Academic Press, 2008, p. 117.

territórios ocupados em 1967, conforme solicitado na famosa Resolução 242 do Conselho de Segurança da ONU muito pouco tempo após o final da guerra. Como os leitores devem saber, uma resolução do Conselho de Segurança tem mais peso que uma resolução da Assembleia Geral. E essa foi uma das poucas resoluções do Conselho criticando Israel que não foram vetadas pelos Estados Unidos.

Hoje temos acesso às minutas de uma reunião do governo israelense nos dias imediatamente posteriores à ocupação. Aquele era o décimo terceiro governo de Israel, e sua composição é muito relevante para o argumento que estou construindo aqui. Era um governo unitário de modo jamais visto — antes ou depois — em Israel. Todo o espectro político de judeus e sionistas estava representado. À exceção do Partido Comunista, todos os partidos tinham um representante no governo, fossem de esquerda, direita ou centro. Partidos socialistas como Mapam, partidos de direita como o Herut de Menachem Begin, e os partidos liberais ou religiosos foram todos contemplados. Ao ler as minutas, tem-se a impressão de que os ministros sabiam que representavam um amplo consenso em sua própria sociedade. Essa convicção foi alimentada ainda mais pelo clima de euforia que tomou conta de Israel após a *blitzkrieg* triunfante que durou apenas seis dias. Nesse cenário, podemos entender melhor as decisões tomadas pelos ministros logo após a guerra.

Além disso, muitos desses políticos esperavam desde 1948 por esse momento. Eu iria ainda mais longe e diria que a tomada da Cisjordânia em particular, com suas localidades bíblicas ancestrais, era um objetivo sionista mesmo antes de 1948 e se adequava à lógica do projeto sionista como um todo. Essa lógica pode ser resumida como o desejo de tomar a maior parte possível da Palestina com o menor número de palestinos possível. O consenso, a euforia e o contexto histórico explicam por que nenhum governo israelense subsequente jamais foi contra as decisões tomadas por esses ministros.

Sua primeira decisão foi que Israel não poderia existir sem a Cisjordânia. Métodos diretos e indiretos para controlar a região foram apresentados pelo ministro da agricultura, Yigal Allon, quando ele distinguiu as áreas onde os assentamentos judeus poderiam ser construídos das áreas densamente habitadas por palestinos, que deveriam ser governadas indiretamente*. Allon mudou de ideia alguns anos depois quanto ao método de gestão indireta. De início, ele tinha a esperança de que os jordanianos ficassem tentados a ajudar Israel a governar partes da Cisjordânia (provavelmente, embora isso jamais tenha sido verbalizado, mantendo as cidadanias e leis jordanianas nas "zonas árabes" da Cisjordânia). No entanto, a resposta morna da Jordânia a esse plano levou-o a considerar a autogestão palestina a melhor opção para essas regiões.

A segunda decisão foi não incorporar os habitantes da Cisjordânia e da Faixa de Gaza como cidadãos do Estado de Israel. Isso não valia para os palestinos que moravam no que Israel chamava à época de Grande Jerusalém. A definição dessa área, e de quais de seus moradores tinham direito à cidadania israelense, mudou conforme o espaço foi crescendo em tamanho. Quanto maior a Grande Jerusalém, maior o número de palestinos ali. Hoje há 200 mil palestinos dentro de seus limites. Para garantir que nem todos

---

* Israel State Archives, atas das reuniões de governo, 11 e 18 de junho, 1967.

sejam contabilizados como cidadãos israelenses, muitos de seus bairros foram declarados vilarejos da Cisjordânia*. Estava claro para o governo que recusar o direito à cidadania e, ao mesmo tempo, impedir a independência desses moradores condenaria os habitantes da Cisjordânia e da Faixa de Gaza a uma vida sem direitos humanos e civis básicos.

A questão seguinte, portanto, era quanto tempo o exército israelense permaneceria ocupando as áreas palestinas. Ao que parece, para a maioria dos ministros a reposta era, e ainda é: por muito tempo. O Ministro da Defesa Moshe Dayan, por exemplo, lançou ao vento, em certa ocasião, um período de cinquenta anos**. Agora estamos no quinquagésimo ano de ocupação.

A terceira decisão estava relacionada ao processo de paz. Como mencionado antes, a comunidade internacional esperava que Israel devolvesse os territórios ocupados em troca da paz. O governo israelense estava disposto a negociar com o Egito o futuro da Península do Sinai e com a Síria acerca das Colinas de Golã, mas não abdicaria da Cisjordânia, nem da Faixa de Gaza. Foi o que declarou, em uma breve coletiva de imprensa, em 1967, o primeiro-ministro da época, Levy Eshkol***. Mas seus colegas logo entenderam que esse tipo de declaração pública não era de muita ajuda, para dizer o mínimo. Dali em diante, essa posição estratégica nunca mais foi admitida explicitamente no âmbito público. O que temos são declarações inequívocas de alguns indivíduos que faziam parte da equipe sênior de oficiais encarrega-

---

* Valerie Zink, "A Quiet Transfer: The Judaization of Jerusalem", *Contemporary Arab Affairs*, 2:1, 2009, pp. 122–33.
** *Israel State Archives*, atas das reuniões de governo, 26 de junho de 1967.
*** *Haaretz*, 23 de junho de 1967.

dos da estratégia política para a Cisjordânia e a Faixa de Gaza, sendo Dan Bavli o mais proeminente deles. Em retrospecto, Bavli relata que a resistência em abrir negociações, sobretudo quanto à Cisjordânia, demarcou a política israelense da época (e eu acrescentaria: e até os dias de hoje*). Bavli descreveu essa política como "uma soma de beligerância e falta de visão a longo prazo", que substituiu qualquer busca por solução: "Os diversos governos israelenses falaram muito de paz, mas fizeram muito pouco para obtê-la**". O que os israelenses inventaram naquele momento foi o que Noam Chomsky chamou de "completa farsa***". Eles entenderam que falar em paz não os impedia de executar na prática fatos irreversíveis que solapariam a própria ideia de paz.

Talvez o leitor se pergunte, e com razão, se à época não havia apoiadores da paz ou uma corrente sionista liberal que buscasse genuinamente um acordo. Sim, havia, e talvez ainda haja nos dias de hoje. Contudo, desde o início, esse movimento foi periférico e apoiado apenas por um pequeno setor do eleitorado. As decisões em Israel são tomadas por um núcleo de políticos, generais e estrategistas que estabelecem políticas à revelia do debate público. Além disso, ao menos em retrospecto, a única maneira de julgar qual seria a estratégia israelense não se dá pelo discurso dos estrategistas do Estado, mas por suas ações concretas. Por exemplo, as declarações políticas do governo unitário de 1967 podem ser diferentes daquelas dos governos trabalhistas que conduzi-

---

* Dan Bavli, *Dreams and Missed Opportunities, 1967–1973*, Jerusalém: Carmel, 2002 (em hebraico).
** Ibid, p. 16.
*** Noam Chomsky, "Chomsky: Why the Israel-Palestine 'Negotiations' are a Complete Farce", Alternet.org, 2 de setembro de 2013.

ram Israel até 1977, ou daquelas proferidas pelos governos do Likud que geriram Israel de modo intermitente até os dias de hoje (à exceção dos poucos anos em que o hoje extinto partido Kadima implementou os governos Sharon e Olmert na primeira década do século XXI). As ações de cada regime, contudo, foram as mesmas: todos permaneceram leais às três decisões estratégicas que se tornaram a catequese do dogma sionista em Israel após 1967.

A ação concreta mais crucial foi a construção de assentamentos judeus na Cisjordânia e na Faixa de Gaza e o compromisso de expandi-los. De início, o governo alocou esses assentamentos em áreas palestinas de menor densidade demográfica na Cisjordânia (a partir de 1968) e em Gaza (a partir de 1969). No entanto, conforme a descrição arrepiante do brilhante livro de Idith Zertal e Akiva Eldar, *The Lords of the Land*, os ministros e planejadores sucumbiram à pressão do movimento messiânico de colonos, Gush Emunim, e também instalaram judeus no âmago de comunidades palestinas*.

Outra forma de julgar as reais intenções israelenses a partir de 1967 é analisar essas políticas do ponto de vista das vítimas palestinas. Após a ocupação, o novo governo confinou os palestinos da Cisjordânia e da Faixa de Gaza a um limbo impossível: não eram nem refugiados, nem cidadãos — eram, e ainda são, habitantes apátridas. Eram detentos, e em muitos aspectos ainda são, de uma imensa prisão onde não tinham direitos humanos ou civis e nenhum domínio de seu futuro. O mundo tolera essa situação

---

* Idith Zertal e Akiva Eldar, *The Lords of the Land: The War Over Israel's Settlements in the Occupied Territories, 1967–2007*, Nova York: Nation Books, 2009.

porque Israel alega — e essa alegação só foi contestada em tempos recentes — que a situação é temporária e só persistirá até que surja um parceiro palestino para assinar a paz. Não é de surpreender que tal parceiro jamais tenha surgido. No momento em que escrevo este livro, Israel segue encarcerando uma terceira geração de palestinos através de vários meios e métodos e descrevendo essas megaprisões como realidades temporárias que mudarão assim que Israel e Palestina negociarem a paz.

O que os palestinos podem fazer? A mensagem israelense é bem evidente: se cooperarem com a expropriação das terras, as severas restrições de movimento e a cruel burocracia de ocupação, poderão colher uns poucos benefícios. Que podem incluir o direito de trabalhar em Israel, de reivindicar certa autonomia e, desde 1993, até o direito de chamar algumas dessas regiões autônomas de Estado. Porém, se escolherem o caminho da resistência, como por vezes fizeram, sentirão todo o poder do exército israelense. O ativista palestino Mazin Qumsiyeh contabilizou catorze levantes que tentaram escapar dessa megaprisão — todos respondidos de forma brutal e, no caso de Gaza, até mesmo genocida*.

Assim, podemos ver que a tomada da Cisjordânia e da Faixa de Gaza representa a conclusão do trabalho iniciado em 1948. Naquela época, o movimento sionista tomou 80 por cento da Palestina — e a tomada foi concluída em 1967. O temor demográfico que assombrava Ben-Gurion, de um Grande Israel sem maioria judaica, foi cinicamente resolvido com o encarceramento da população dos territórios ocupa-

---

* Mazin Qumsiyeh, *Popular Resistance in Palestine: A History of Hope and Empowerment*, Londres: Pluto Press, 2011.

dos em uma prisão onde a cidadania inexiste. Não se trata apenas de uma descrição histórica; em muitos casos, essa ainda é a realidade hoje, em 2017.

PARTE II
AS FALÁCIAS DO PRESENTE

7
Israel é a única democracia do Oriente Médio

Aos olhos de muitos israelenses e de seus apoiadores ao redor do mundo — mesmo aqueles críticos a algumas de suas políticas —, Israel é, no final das contas, um Estado democrático benigno que busca a paz com seus vizinhos e garante igualdade a todos os seus cidadãos. Aqueles que criticam Israel entendem que, se algo deu errado nessa democracia, isso se deve à guerra de 1967. De acordo com essa visão, a guerra corrompeu uma sociedade honesta e trabalhadora ao oferecer dinheiro fácil nos territórios ocupados, permitindo que grupos messiânicos ingressassem na política israelense, e sobretudo ao transformar Israel em uma entidade invasora e opressiva nos novos territórios.

O mito de que um Israel democrático se viu em apuros em 1967, mas permaneceu uma democracia, é propagado até mesmo por alguns acadêmicos palestinos ou pró-Palestina de renome — mas não tem fundamento histórico. Não há dúvidas de que o Israel pré-1967 não poderia ser descrito como uma democracia. Como vimos nos capítulos anteriores, o Estado submeteu um quinto de seus cidadãos a um regime militar baseado em regulações draconianas de emergência oriundas do Mandato Britânico, negando aos palestinos quaisquer direitos humanos ou civis básicos. Governantes militares locais tinham absoluta soberania sobre a vida desses cidadãos: podiam elaborar leis especiais para eles, destruir suas casas e meios de subsistência e atirá-los na cadeia a seu bel-prazer. Uma oposição sólida dos judeus contra esses abusos só surgiu no final dos anos 1950, e serviu para aliviar a pressão sobre os cidadãos palestinos.

Para os palestinos que viviam em Israel antes da guerra e aqueles que viveram na Cisjordânia e Faixa de Gaza após 1967, esse regime permitia que até os soldados de mais baixa patente das Forças de Defesa de Israel (FDI) governassem — e arruinassem — a vida deles. Ficavam impotentes caso um soldado, ou sua unidade ou comandante, decidisse demolir suas casas, detê-los por horas em um posto de controle, ou encarcerá-los sem julgamento. Não havia nada que pudessem fazer*. De 1948 até hoje, não houve nenhum momento em que algum palestino não estivesse passando por essa experiência. O primeiro grupo a sofrer sob esse jugo foi a minoria palestina dentro de Israel. Começou nos primeiros dois anos após a criação do Estado, quando foi empurrada para guetos — como a comunidade palestina de Haifa, no Monte Carmelo — ou expulsos da cidade onde viviam havia décadas — como Safad. No caso de Isdud, toda a população foi expulsa para a Faixa de Gaza**. No interior, a situação era ainda pior. Os vários movimentos de *kibutzim* cobiçavam vilarejos palestinos em terras férteis. Isso ocorreu inclusive com o *kibutz* socialista, Hashomer Hatzair, que declarava estar

---

* Uma descrição detalhada dessa vida pode ser encontrada em Ilan Pappe, *The Forgotten Palestinians: A History of the Palestinians in Israel*, New Haven e Londres: Yale University Press, 2013, pp. 46-93.
** Benny Morris, *The Birth of the Palestinian Refugee Problem Revisited*, op. cit. p. 471.

comprometido com a solidariedade binacional. Muito tempo após o apaziguamento das contendas de 1948, aldeões em Ghabsiyyeh, Iqrit, Birim, Qaidta, Zaytun e muitos outros foram ludibriados a deixarem sua casa por duas semanas, sob alegações de que o exército precisaria delas apenas para treinamento. Mais tarde, ao retornarem, descobriram que seu vilarejo havia sido destruído ou entregue a outras pessoas*.

Esse estado de terror militar é bem exemplificado pelo massacre de Kafr Qasim em outubro de 1956, quando, às vésperas da operação no Sinai, 49 cidadãos palestinos foram assassinados pelo exército israelense. As autoridades alegaram que os mortos estariam atrasados ao retornarem para casa após o trabalho na lavoura — um toque de recolher havia sido imposto a todo o vilarejo. Essa, contudo, não foi a verdadeira razão. Provas posteriores mostram que Israel havia cogitado seriamente a expulsão dos palestinos de toda a área chamada Wadi Ara e do Triângulo no qual o vilarejo estava situado. Essas duas regiões — a primeira um vale conectando Afula, no leste, a Hadera, na costa do Mediterrâneo, e a segunda se estendendo pelas terras interioranas a leste de Jerusalém — foram anexadas a Israel sob os termos do acordo de armistício de 1949 com a Jordânia. Como vimos, Israel sempre recebeu bem a anexação de novos territórios, mas não o aumento de sua população palestina. Assim, em todas as suas expansões, o Estado de Israel sempre buscou formas de limitar a população palestina nas áreas que anexava.

A operação "Hafarfert" (toupeira) foi o codinome de um conjunto de propostas de expulsão dos palestinos quando uma nova guerra com o mundo árabe irrompeu. Muitos

---

* Ver Ilan Pappe, *A limpeza étnica da Palestina*.

acadêmicos acreditam hoje que o massacre de 1956 foi um teste para ver se as pessoas da região seriam coagidas a sair. Os perpetradores do massacre foram levados a julgamento graças à diligência e tenacidade de dois membros do Knesset: Tawfiq Tubi, do Partido Comunista, e Latif Dori, do partido sionista de esquerda Mapam. No entanto, saiu barato para os comandantes responsáveis pela região e para a unidade que cometeu o crime, que só precisaram pagar pequenas multas*. Foi mais uma prova de que o exército estava autorizado a cometer assassinatos e se safar nos territórios ocupados.

A crueldade sistemática não mostra sua face apenas em grandes acontecimentos como um massacre. As piores atrocidades também podem ser constatadas na presença diária e cotidiana do regime. Os palestinos em Israel ainda não falam muito a respeito do período pré-1967, e os documentos da época não propiciam um retrato completo. Surpreendentemente, é na poesia que encontramos indícios de como era a vida sob um regime militar. Natan Alterman foi um dos poetas mais famosos e importantes de sua geração. Escrevia uma coluna semanal chamada "A Sétima Coluna", na qual comentava os eventos sobre os quais tinha lido ou escutado. Às vezes omitia detalhes sobre as datas, ou mesmo o local dos ocorridos, mas dava aos leitores um mínimo de informações para que entendessem a que se referia. Não raro, expressava seus ataques de forma poética:

> As notícias apareceram brevemente por dois dias, e desapareceram.

---

* Shira Robinson, "Local Struggle, National Struggle: Palestinian Responses to the Kafr Qasim Massacre and its Aftermath, 1956–66", *International Journal of Middle East Studies*, 35, 2003, pp. 393–416.

E ninguém parece se importar, e ninguém parece saber.
No distante vilarejo de Um al-Fahem,
Crianças — ou devo dizer cidadãos do Estado — brincavam na lama
E uma delas pareceu suspeita a um de nossos bravos soldados que gritou: Pare!
Ordens são ordens
Ordens são ordens, mas o garoto tolo não se deteve,
Ele fugiu
Então nosso bravo soldado atirou, não admira
E acertou e matou o garoto.
E ninguém falou sobre isso*.

Em dada ocasião, ele escreveu um poema sobre dois cidadãos palestinos mortos a tiros em Wadi Ara. Em outra, contou a história de uma mulher palestina muito doente que foi expulsa com seus dois filhos, de três e seis anos de idade, sem explicações, para o outro lado do Rio Jordão. Quando tentaram voltar, ela e seus filhos foram detidos e colocados em uma prisão em Nazaré. Alterman tinha esperanças de que seu poema sobre a mãe pudesse comover mentes e corações, ou ao menos incitar alguma resposta oficial. No entanto, ele escreveu uma semana depois:

E este escritor presumiu equivocadamente
Que a história seria ou desmentida, ou explicada
Mas nada, nem uma palavra**.

---

* Natan Alterman, "A Matter of No Importance", *Davar*, 7 de setembro de 1951.
** Id. "Two Security Measures", *The Seventh Column*, v. 1, p. 291 (em hebraico).

Há outras evidências de que Israel não era uma democracia antes de 1967. O Estado adotou uma política de atirar para matar contra os refugiados que tentavam recuperar suas terras, plantações e animais, e montou uma guerra colonial para derrubar o regime de Nasser no Egito. Suas forças de segurança também gostavam de apertar o gatilho, e mataram mais de cinquenta cidadãos palestinos no período entre 1948 e 1967.

A prova decisiva para qualquer democracia é o nível de tolerância que ela oferece às suas minorias. Nesse aspecto, Israel fica muito longe de ser uma verdadeira democracia. Por exemplo, no período após as novas conquistas territoriais, o Estado aprovou diversas leis para assegurar uma posição de superioridade para as maiorias. Eram leis referentes à cidadania, à posse de terras e, mais importante, ao direito de retorno. Essa última garante cidadania automática a todos os judeus do mundo, seja qual for seu local de nascimento, e é explicitamente antidemocrática, pois se dá em paralelo à negação do direito de retorno dos palestinos, reconhecido globalmente pela Resolução 194 da Assembleia Geral da ONU de 1948. Essa postura se recusa a permitir que os cidadãos palestinos de Israel se reúnam com seus núcleos familiares ou compatriotas expulsos em 1948. Negar às pessoas o direito de retorno à sua pátria e, ao mesmo tempo, oferecer esse direito a pessoas sem nenhuma ligação com a terra é um modelo de prática antidemocrática.

Soma-se a isso uma outra camada de negação dos direitos do povo palestino. Quase todas as formas de discriminação contra os cidadãos palestinos de Israel são justificadas pelo fato de eles não servirem no exército[*]. Fica

---

[*] Listei-as em *The Forgotten Palestinians*.

mais fácil de entender essa associação entre direitos democráticos e obrigações militares quando estudamos os anos de formação do Estado, quando os estrategistas políticos israelenses decidiam como tratariam um quinto da população. Sua hipótese era de que os cidadãos palestinos não desejariam se alistar no exército, e essa recusa presumida justificaria uma política discriminatória contra eles. Isso foi posto à prova em 1954, quando o Ministro da Defesa de Israel decidiu convocar os palestinos aptos a servirem no exército. O serviço secreto garantiu ao governo que haveria uma ampla rejeição ao chamado. Para sua grande surpresa, todos os intimados compareceram aos postos de recrutamento, com a bênção do Partido Comunista, a maior e mais importante força política da comunidade à época. Mais tarde o serviço secreto explicou que a principal razão seria o tédio dos adolescentes com a vida interiorana e seu anseio por um pouco de ação e aventura*.

Não obstante o episódio, o Ministro da Defesa continuou espalhando a narrativa de que a comunidade palestina não estaria disposta a servir no exército. Como era inevitável, com o passar do tempo, os palestinos de fato se voltaram contra o exército israelense, que havia se tornado seu eterno opressor, mas o uso disso pelo governo como pretexto para a discriminação põe em dúvida a pretensão democrática do Estado. Se você é cidadão palestino e não serviu no exército, seu direito à assistência governamental enquanto trabalhador, estudante, pai, mãe ou parte de um casal sofre severas restrições. Isso afeta sobretudo o direito habitacional e a empregabilidade — 70 por cento da indús-

---

* Ver Ilan Pappe, *The Forgotten Palestinians*, op. cit. p. 65.

tria israelense é considerada questão de segurança estratégica e, portanto, vetada a esses cidadãos como possibilidade de arranjar trabalho*.

Implicitamente, o Ministério da Defesa não presumia apenas que os palestinos não desejavam servir, mas também que eram inimigos internos em potencial e não confiáveis. O problema desse argumento é que, durante todas as principais guerras entre Israel e o mundo árabe, a minoria palestina não se comportou como esperado. Eles não formaram uma quinta coluna nem se levantaram contra o regime. Isso, contudo, não lhes serviu de nada: até hoje são vistos como um problema "demográfico" que precisa ser solucionado. O único consolo é que ainda hoje a maioria dos políticos israelenses não acredita que a maneira de solucionar "o problema" seja transferir ou expulsar os palestinos (ao menos não em tempos de paz).

A alegação de ser uma democracia também pode ser questionada quando se examina a política orçamentária referente à questão de terras. Desde 1948, os conselhos locais e municipalidades palestinos receberam muito menos recursos do que suas contrapartes judaicas. A escassez de terras, somada às poucas oportunidades de trabalho, criam uma realidade socioeconômica aberrativa. Por exemplo, a comunidade palestina mais próspera, o vilarejo de Me'ilya na alta Galileia, ainda tem números piores do que Neguev, a mais pobre das cidades judaicas. Em 2011, o *Jerusalem Post* noticiou que "a renda média judaica foi de 40 a 60 por cento mais alta que a renda média árabe entre os anos de 1997 e 2009**".

---

* Ver reportagem de Adalah, "An Anti-Human Rights Year for the Israeli Supreme Court", 10 de dezembro de 2015, em adalah.org.

** *The Jerusalem Post*, 24 de novembro de 2011.

Hoje, mais de 90 por cento das terras pertencem ao Fundo Nacional Judaico. Proprietários de terra não têm permissão para negociar com cidadãos não judeus, e a terra pública tem uso prioritário para projetos nacionais, o que significa que novos assentamentos judeus estão sendo construídos enquanto não há praticamente nenhum novo assentamento palestino. Assim, embora Nazaré, a maior cidade palestina, tenha triplicado sua população desde 1948, seu território não aumentou nem um quilômetro quadrado, enquanto o desenvolvimento da cidade construída a norte dela, Nazaré Illit, triplicou de tamanho graças às terras expropriadas de seus antigos donos palestinos*.

Outros exemplos dessa política são os vilarejos palestinos espalhados pela Galileia. Eles contam a mesma história: desde 1948, tiveram seu território reduzido em 40 por cento (em alguns casos, até 60 por cento), e novos assentamentos judeus foram construídos nas terras expropriadas. Em outros lugares, essa política levou a uma tentativa irrestrita de "judeificação". A partir de 1967, o governo israelense passou a se preocupar com a escassez de judeus vivendo nos extremos norte e sul do Estado, e fez planos para aumentar a população nessas áreas. Essa mudança demográfica requereu o confisco de terras palestinas para a construção de assentamentos judeus.

Ainda pior é a exclusão dos cidadãos palestinos desses assentamentos. A franca violação do direito do cidadão a viver onde quiser ainda persiste e, até agora, todos os esforços das ONGs de direitos humanos que atuam em Israel

---

* Ver Ilan Pappe, "In Upper Nazareth: Judaisation", *London Review of Books*, 10 de setembro de 2009.

de desafiar esse apartheid foram um completo fracasso. A Suprema Corte de Israel questionou a legalidade dessa política apenas em alguns poucos casos pontuais, mas jamais enquanto princípio. Imagine se no Reino Unido ou nos Estados Unidos os cidadãos judeus — ou católicos, suponhamos — fossem impedidos por lei de morar em certos bairros, vilarejos, ou mesmo cidades inteiras. Como uma coisa dessas seria compatível com a noção de democracia?

Portanto, dada a atitude em relação a dois grupos palestinos — os refugiados e a comunidade em Israel —, não há manobra argumentativa capaz de retratar o Estado judeu como uma democracia. A prova em contrário mais evidente é o tratamento cruel que Israel dispensa a um terceiro grupo de palestinos: aqueles que, desde 1967, vivem sob sua égide, direta ou indiretamente, em Jerusalém Oriental, na Cisjordânia e na Faixa de Gaza. Do sistema legal instaurado após a guerra, passando pela presença militar absoluta e inquestionável na Cisjordânia e ao redor da Faixa de Gaza, até a humilhação diária de milhões de palestinos, a "única democracia" do Oriente Médio se comporta como uma ditadura do pior tipo.

Para se defender dessa acusação, a principal resposta diplomática e acadêmica de Israel é alegar que todas as medidas citadas são temporárias — elas mudarão se os palestinos se comportarem "melhor" em qualquer um desses locais. Mas ao se pesquisar — e nem falemos de habitar — os territórios ocupados, compreende-se quão ridículo é esse argumento. Como vimos, os estrategistas políticos israelenses estão determinados a manter a ocupação ativa enquanto o Estado judaico permanecer intacto. Já faz parte do *status quo* israelense, e seus políticos preferem isso a qualquer mudança.

Israel controlará a maior parte da Palestina e, como sempre haverá nela uma população palestina considerável, a única forma de fazer isso é por vias não democráticas.

Além disso, apesar de todas as evidências em contrário, o Estado israelense alega que essa ocupação é uma "ocupação iluminada". O mito aqui é de que Israel chegou com boas intenções de ministrar uma ocupação benevolente, mas se viu forçado a tomar atitudes drásticas por causa da violência palestina. Em 1967, o governo tratou a Cisjordânia e a Faixa de Gaza como partes naturais de "Eretz Israel", a Terra de Israel, e essa atitude persiste desde então. Um exame dos debates entre partidos israelenses de esquerda e de direita revela que eles nunca discordaram quanto à validade desse objetivo, mas apenas à melhor maneira de alcançá-lo.

No público em geral, porém, houve um debate genuíno entre o que poderíamos chamar de "redentores" e "custodiantes". Os "redentores" acreditavam que Israel havia recuperado o antigo núcleo de sua pátria e não poderia mais sobreviver sem ele. Por sua vez, os "custodiantes" argumentavam que os territórios deveriam ser trocados pela paz com a Jordânia (no caso da Cisjordânia) e o Egito (no caso da Faixa de Gaza)*. Entretanto, esse debate público pouco impactou a forma como os principais estrategistas políticos de Israel buscaram administrar os territórios ocupados. Os métodos adotados pelo governo para administrar os territórios são a pior parte dessa "ocupação iluminada". De início, a área havia sido dividida entre espaços "árabes" e potencialmente "judeus". As regiões com densa população palestina

---

* Ver Amnon Sella, "Custodians and Redeemers: Israel's Leaders' Perceptions of Peace, 1967–1979", *Middle East Studies*, 22:2, 1986, pp. 236–51.

se tornaram autônomas, geridas por colaboradores locais sob um regime militar. O regime só foi substituído por uma administração civil em 1981. As outras áreas, os espaços "judeus", foram colonizadas com assentamentos e bases militares judeus. O objetivo dessa política era confinar as populações da Cisjordânia e da Faixa de Gaza em enclaves isolados, sem espaços verdes ou qualquer possibilidade de expansão urbana.

As coisas só pioraram quando, muito pouco tempo após a ocupação, o Gush Emunim inaugurou assentamentos na Cisjordânia e na Faixa de Gaza, alegando seguir um mapa bíblico de colonização, e não um mapa governamental. Conforme o grupo adentrou áreas de densa população palestina, o espaço que restava para os locais encolheu ainda mais.

A necessidade primordial de todo projeto colonial é a terra — e, nos territórios ocupados, ela só podia ser obtida por meio de expropriações massivas, deportação de pessoas dos locais onde viviam por gerações e do confinamento dos habitantes remanescentes em enclaves de ambiente inóspito. Ao sobrevoar a Cisjordânia, vê-se claramente os resultados cartográficos dessa política: cinturões de assentamentos repartindo a terra e entrincheirando as comunidades palestinas em pequenas comunidades isoladas e desconectadas. Os cinturões de judeificação separam vilarejos de vilarejos, vilarejos de cidades, e, às vezes, dividem uma única vila em duas. É o que os acadêmicos chamam de desastre geográfico, sobretudo porque essas políticas se revelaram também um desastre ecológico, secando as fontes de água e arruinando algumas das mais belas paisagens palestinas. Além disso, os assentamentos se tornaram antros onde o extremismo judeu cresceu de modo incontrolável — e os palestinos foram suas principais vítimas. Desse modo, o assentamento em Efrat arruinou o sítio de Patrimônio da Humanidade no vale de Wallajah, próximo a Bethlehem; e a vila de Jafneh perto de Ramallah, antes famosa por seus canais de água fresca, perdeu seu caráter de atração turística. Esses são apenas dois pequenos exemplos dentre centenas de casos semelhantes.

A demolição de casas não é um fenômeno novo na Palestina. Como ocorre com a maioria dos métodos mais bárbaros de punição coletiva usados por Israel desde 1948, este foi concebido e posto em prática pela primeira vez pelo governo do Mandato Britânico durante a Grande Revolta Árabe de 1936 a 1939. Foi o primeiro levante palestino contra a política pró-sionista do Mandato Britânico, e o exército britânico levou três anos para debelá-lo. No processo, demoliu cerca de 2 mil casas durante as várias punições coletivas impostas à população local[*]. Israel demoliu casas praticamente desde o primeiro dia de sua ocupação militar na Cisjordânia e na Faixa de Gaza. O exército explodiu centenas de casas a cada ano em resposta a diversos atos perpetrados individualmente por membros das famílias[**]. Fosse em reação a violações leves do regulamento militar ou à participação em atos violentos contra a ocupação, os israelenses não demoravam a enviar seus tratores. Assim, devastavam não só as construções, mas também um núcleo de vida e existência. Na área da Jerusalém expandida (e dentro de Israel) as demolições também

---
[*] Motti Golani, *Palestine Between Politics and Terror, 1945–1947*, Brandeis: Brandeis University Press, 2013, p. 201.
[**] Descrições com os horrendos detalhes de quase todas as demolições desse tipo podem ser encontradas no site do Comitê Israelense Contra Demolição de Casas, disponível em: <icahd.org>.

eram usadas como punição para a ampliação não autorizada de casas ou o atraso no pagamento de contas.

Outra forma de punição coletiva reincorporada em tempos recentes ao repertório israelense é o bloqueio de casas. Imagine todas as portas e janelas da sua casa bloqueadas com cimento, pedras e argamassa, de modo que você não possa mais entrar nela para buscar aquilo que não retirou enquanto era tempo. Procurei muito em meus livros de história por outros exemplos disso, mas não encontrei indícios de que essa medida impiedosa tenha sido praticada em algum outro lugar.

Por fim, sob a "ocupação iluminada", os colonos foram autorizados a formar gangues de vigilantes, intimidar pessoas e destruir suas propriedades. A abordagem dessas gangues mudou ao longo dos anos. Durante os anos 1980, executaram ações de puro terrorismo — desde ferir líderes palestinos (um deles perdeu as pernas em um desses ataques) até planos para explodir as mesquitas de Haram al-Sharif em Jerusalém. Neste século, elas têm se dedicado ao assédio diário aos palestinos, arrancando suas árvores, destruindo seus cultivos e disparando aleatoriamente contra seus veículos e casas. Desde 2000, ao menos cem ataques desses foram registrados por mês em áreas como Hebron, onde 500 colonos, com a colaboração silenciosa do exército israelense, assediam os moradores locais de maneira ainda mais brutal[*].

Desde o início da ocupação, portanto, os palestinos se viram diante de duas opções: aceitar o encarceramento permanente em uma megaprisão por um período muito longo,

---

[*] Ver relatório da ONG israelense Yesh Din, "Law Enforcement on Israeli Civilians in the West Bank", disponível em: <yesh-din.org>.

ou correr o risco de sofrer nas mãos do exército mais forte do Oriente Médio. Quando os palestinos resistiram — como fizeram em 1987, 2000, 2006, 2012, 2014 e 2016 —, foram alvejados como se fossem soldados ou unidades militares convencionais. Cidades e vilarejos foram bombardeados como se fossem bases militares, e a população civil desarmada foi alvo de tiros como se fosse um exército em campo de batalha. Hoje sabemos muito sobre a vida sob ocupação, antes e depois de Oslo, para levarmos a sério a afirmação de que o fim da resistência reduziria a opressão. As prisões sem julgamento de que tantos foram vítimas ao longo dos anos, a demolição de milhares de casas, o assassinato e ferimento de inocentes, a drenagem de poços... todas essas ações são testemunhos de um dos regimes mais cruéis de nossos tempos. Todos os anos, a Anistia Internacional documenta de forma muito detalhada a natureza dessa ocupação. O trecho seguinte é do relatório de 2015:

> Na Cisjordânia, incluindo Jerusalém Oriental, forças israelenses cometeram execuções ilegais de civis palestinos, inclusive de crianças, e detiveram milhares de palestinos que protestavam ou se opunham de alguma forma à contínua ocupação militar israelense, mantendo centenas deles sob detenção administrativa. Tortura e outros maus-tratos foram práticas corriqueiras cometidas com impunidade. As autoridades continuaram a estimular assentamentos ilegais na Cisjordânia e restringiram severamente a liberdade de movimento dos palestinos, impondo ainda mais restrições em meio à escalada de violência de outubro, que incluiu ataques de palestinos a civis israelenses e, ao que tudo indica, execuções extrajudiciais pelas forças israelenses. Colonos israelen-

ses na Cisjordânia atacaram palestinos e suas propriedades de forma praticamente impune. A Faixa de Gaza permaneceu sob bloqueio militar dos israelenses, que impuseram punições coletivas aos moradores. As autoridades continuaram demolindo casas palestinas na Cisjordânia e dentro de Israel, sobretudo em vilarejos de beduínos na região do Neguev/Naqab, expulsando seus residentes à força*.

Vamos por partes. Em primeiro lugar, os assassinatos, o que o relatório da Anistia chama de "execuções ilegais": cerca de 15 mil palestinos foram mortos "ilegalmente" por Israel desde 1967. Entre eles havia 2 mil crianças**. Outra característica da "ocupação iluminada" é a prisão sem julgamento. Um quinto de todos os palestinos na Cisjordânia ou na Faixa de Gaza já passou por essa experiência***. É interessante comparar essa prática israelense às políticas estadunidenses similares do passado e do presente, pois críticos do movimento "Boicote, Desinvestimento e Sanções" (BDS) alegam que as práticas dos EUA são bem piores. De fato, o pior exemplo estadunidense foi a prisão sem julgamento de 100 mil cidadãos japoneses durante a Segunda Guerra Mundial, e a detenção de outras 30 mil pessoas na assim chama-

---

* Ver "Israel and Occupied Palestinian Territories", disponível em: <amnesty.org>.

** A contagem de mortos é mais precisa a partir de 1987, mas há fontes confiáveis para o período como um todo. Ver relatórios de mortos do B'Tselem e visitar sua página de estatísticas disponível em: <btselem.org>. Outras fontes incluem os relatórios do IMEMC e do Escritório de Coordenação de Assuntos Humanitários (OCHA, na sigla em inglês), da ONU.

*** Um dos relatórios mais completos quanto ao número de prisioneiros pode ser encontrado em Mohammad Ma'ri, "Israeli Forces Arrested 800,000 Palestinians since 1967", *The Saudi Gazette*, 12 de dezembro de 2012.

da "guerra ao terror". Nenhum desses números chega nem perto do número de palestinos que passaram por esse processo: incluindo os muito jovens, os velhos e também os encarcerados a longo prazo*. A prisão sem julgamento é uma experiência traumática. Não saber do que se é acusado, ser impedido de falar com um advogado e não ter quase nenhum contato com a família são apenas algumas das preocupações que acometem os prisioneiros. Ainda mais brutal é o fato de que muitas dessas prisões são usadas como meio de pressionar as pessoas a colaborar. Espalhar rumores ou caluniar pessoas por supostas ou reais orientações sexuais também são métodos usados com frequência para incentivar a cumplicidade.

Quanto à tortura, o confiável site Middle East Monitor publicou um angustiante artigo descrevendo os 200 métodos usados pelos israelenses para torturar palestinos. A lista se baseia em um relatório da ONU e em um relatório da organização de direitos humanos israelense B'Tselem**. Espancamentos, acorrentamento de prisioneiros a portas e cadeiras durante horas, derrame de água fria e quente sobre seus corpos, distensão de dedos e torção dos testículos são alguns dos métodos utilizados.

Portanto, o que devemos questionar aqui não é apenas a alegação de Israel de que mantém uma "ocupação iluminada", mas também sua pretensão de ser uma democracia. Seu comportamento perante milhões de pessoas sob seu governo

---

* Ver o documento em Harry Truman Library, "The War Relocation Authority and the Incarceration of the Japanese-Americans in the Second World War", disponível em: <trumanlibrary.org>.
** Ver "Torture in Israeli Prisons", 29 de outubro de 2014, disponível em: <middleeastmonitor.com>.

evidencia a falsidade dessa chicana política. No entanto, embora amplos setores da sociedade civil ao redor do mundo neguem a pretensão de Israel de ser uma democracia, suas elites políticas, por diversas razões, ainda tratam o Estado como membro do restrito grupo de nações democráticas. A popularidade do movimento BDS reflete de muitas maneiras as frustrações dessas sociedades com as políticas de seus governos em relação a Israel.

Para a maioria dos israelenses, esses contra-argumentos são, na melhor das hipóteses, irrelevantes e, na pior, maldosos. O Estado israelense se agarra à ideia de ser um ocupante benevolente. O argumento em prol da "ocupação iluminada", típico do cidadão judeu médio de Israel, diz que os palestinos vivem muito melhor sob ocupação e não têm nenhum motivo no mundo para resistir, muito menos com o uso da força. Se você é um apoiador acrítico de Israel no exterior, também é conivente com essas alegações.

Existem, contudo, setores da sociedade israelense que reconhecem a validade de alguns dos argumentos levantados aqui. Nos anos 1990, com vários graus de convicção, um número significativo de acadêmicos, jornalistas e artistas judeus manifestou dúvidas quanto a Israel poder ser chamado de democracia. É preciso coragem para questionar os mitos fundadores de seu próprio Estado e sociedade. É por isso que, mais tarde, um bom número deles voltou atrás e se realinhou com a opinião geral. No entanto, durante parte da última década do século passado, as obras produzidas por essas pessoas desafiaram a ideia de um Israel democrático. Elas retrataram Israel como um Estado pertencente a outro grupo: o das nações não democráticas. Um desses indivíduos, o geógrafo Oren Yiftachel, da Universidade Ben-Gurion, descreveu Israel como uma etnocracia, um regime que governa um Estado multiétnico dando preferência legal e formal a um grupo étnico em detrimento dos outros*. Alguns foram mais longe, classificando o regime israelense como um apartheid ou Estado colonialista de povoamento**. Em resumo, esses acadêmicos críticos ofereceram um rol de categorias que não incluía "democracia".

---

* Oren Yiftachel e As'ad Ghanem, "Towards a Theory of Ethnocratic Regimes: Learning from the Judaisation of Israel/Palestine", in: E. Kaufman (ed.), *Rethinking Ethnicity, Majority Groups and Dominant Minorities*, Londres e Nova York: Routledge, 2004, pp. 179–97.
** Ver Uri Davis, *Apartheid Israel: Possibilities for the Struggle from Within*, Londres: Zed Books, 2004.

8
As mitologias de Oslo

Em 13 de setembro de 1993, Israel e OLP assinaram uma declaração de princípios, conhecida como Acordo de Oslo, no gramado da Casa Branca sob os auspícios do presidente Bill Clinton. O líder da OLP, Yasser Arafat, o primeiro-ministro israelense, Yitzhak Rabin, e o Ministro das Relações Exteriores de Israel, Shimon Peres, receberiam mais tarde o Prêmio Nobel da Paz por esse acordo. Ele pôs fim a um longo período de negociações iniciadas em 1992. Até aquele ano, Israel havia se recusado a negociar diretamente com a OLP o destino da Cisjordânia e da Faixa de Gaza ou a questão palestina em geral. Sucessivos governos israelenses preferiram negociar com a Jordânia, mas, desde meados dos anos 1980, permitiu-se que representantes da OLP integrassem as delegações jordanianas.

Houve muitas razões para os israelenses mudarem de postura e permitirem negociações diretas com a OLP. A primeira foi a vitória do Partido Trabalhista nas eleições de 1992 (pela primeira vez desde 1977) e a formação de um governo mais interessado em uma solução política do que as gestões prévias, encabeçadas pelo Likud. O novo governo entendia que as tentativas de negociar a autonomia palestina diretamente com as suas lideranças locais estavam emperradas porque todas as decisões palestinas eram levadas à sede da OLP em Túnis; assim, uma linha direta seria mais produtiva.

A segunda razão diz respeito à apreensão dos israelenses por causa da iniciativa de paz de Madri — tentativa estadunidense de reunir Israel, palestinos e o resto do mundo árabe para chegar a um acordo após a Primeira Guerra do Golfo. O presidente George Bush pai e seu secretário de Estado, William Baker, tutelaram essa iniciativa em 1991. Os dois políticos afirmaram que Israel era um obstáculo para a paz e pressionaram o governo israelense a interromper a instalação de assentamentos e dar uma chance à solução de dois Estados. A nova administração israelense também estabeleceu contato direto com a própria OLP. É provável que a conferência de Madri de 1991 e os esforços de paz conduzidos sob seu auspício tenham sido o primeiro esforço genuíno dos EUA para encontrar uma solução para a Cisjordânia e a Faixa de Gaza tendo como base a retirada israelense. A elite política israelense queria frustrar o movimento arrancando-o pela raiz. Ela preferia dar início à sua própria oferta de paz e convencer os palestinos a aceitá-la. Yasser Arafat também estava descontente com a iniciativa de Madri, pois ao seu ver as lideranças palestinas locais dos territórios ocupados, chefiadas pelo líder gazense, Haidar Abdel-Shafi, e Faysal al-Husseini, de Jerusalém, ameaçavam sua liderança e sua popularidade ao assumirem a dianteira nas negociações.

Assim a OLP em Túnis e o Ministério das Relações Exteriores israelense em Jerusalém começaram a negociar nos bastidores enquanto o esforço de paz de Madri prosseguia. Eles encontraram um mediador bastante empenhado na Fafo — instituto de paz norueguês com sede em Oslo. As duas equipes acabaram se encontrando em público em agosto de 1993 e, com os envolvidos estadunidenses, concluíram a Declaração de Princípios (DOP, na sigla em inglês). No ato da assinatura, a DOP foi celebrada como o fim do conflito, e houve grande estardalhaço no gramado da Casa Branca em 1993. Há dois mitos envolvendo o processo de Oslo. O primeiro é de que se tratava de um processo de paz genuíno; o segundo é de que Yasser Arafat o teria sabotado intencionalmente instigando a Segunda Intifada como uma operação terrorista contra Israel.

O primeiro mito nasceu do desejo de ambos os lados em 1992 de encontrar uma solução. No entanto, quando isso fracassou, logo se tornou uma disputa de quem devia ser culpado. Os israelenses linha-dura apontaram o dedo para as lideranças palestinas. Já uma visão sionista liberal de maiores nuances culpava Yasser Arafat, mas também a direita israelense (em particular Benjamin Netanyahu) pelo impasse após a morte do líder da OLP em 2004. Nos dois cenários, o processo de paz é considerado real, apesar de seu fracasso. No entanto, a verdade é mais complexa. Os termos do acordo eram irrealizáveis. A alegação de que Arafat se recusou a respeitar os compromissos feitos pelos palestinos no Acordo de 1993 não sobrevive a uma análise cuidadosa. Ele não tinha como cumprir compromissos inatingíveis. Por exemplo, as autoridades palestinas foram convocadas a agir como subcontratantes de segurança de Israel dentro dos territórios ocupados e garantir que não haveria ações de resistência. De maneira implícita, esperava-se que Arafat aceitasse sem questionar a interpretação israelense do arranjo final presente no Acordo. Os israelenses apresentaram esse fato consumado ao líder da OLP no verão de 2000 na cúpula de

Camp David, onde o líder palestino estava negociando o acordo final com o primeiro-ministro israelense, Ehud Barak, e o presidente dos EUA, Bill Clinton.

Barak exigiu um Estado palestino desmilitarizado, com capital em uma localidade próxima a Jerusalém, Abu Dis, e sem partes da Cisjordânia como o Vale do Jordão, os grandes blocos de assentamentos judeus e certas áreas da Grande Jerusalém. O Estado futuro não teria políticas econômica e exterior independentes, e só teria autonomia em alguns aspectos domésticos (como a gestão do sistema educacional, a cobrança de impostos, a municipalidade, o policiamento e a manutenção da infraestrutura). A formalização desse combinado significaria o fim do conflito e encerraria qualquer futura demanda palestina (como o direito de retorno para os refugiados palestinos de 1948).

O processo de paz já estava fadado ao fracasso desde o início. Para entender por que Oslo deu errado, devemos ampliar nossa análise e pensar os eventos a partir de dois princípios que permaneceram sem resposta ao longo do Acordo. O primeiro foi a primazia da partilha geográfica ou territorial como único alicerce da paz; o segundo foi a negação do direito de retorno dos refugiados palestinos e sua exclusão das mesas de negociação.

A ideia de que a divisão física da terra seria a melhor solução para o conflito surgiu pela primeira vez em 1937 por obra da Comissão Real Britânica, o relatório Peel. Naquela época o movimento sionista sugeria que a Jordânia — então Transjordânia — anexasse as "partes árabes da Palestina", mas a ideia foi rejeitada pelos palestinos*. Mais tarde isso foi apontado outra vez como o melhor curso de ação na Resolu-

---

* Nur Masalha, *Expulsão dos palestinos*, op. cit. p. 107.

ção de Partição da ONU de novembro de 1947. A ONU nomeou um comitê de inquérito, o Comitê Especial das Nações Unidas sobre a Palestina (UNSCOP, na sigla em inglês), para tentar achar uma solução. Os membros do comitê vinham de países com muito pouco interesse ou informação sobre a situação palestina. O corpo representativo palestino, o Alto Comitê Árabe e a Liga Árabe boicotaram o UNSCOP e se recusaram a cooperar com ele. Isso deixou um vácuo que foi preenchido pelos diplomatas e lideranças sionistas, que alimentaram o UNSCOP com suas ideias para uma solução. Eles sugeriram a criação de um Estado judeu para governar 80 por cento da palestina; o comitê reduziu-o para 56 por cento*. Egito e Jordânia estavam dispostos a legitimar a tomada da Palestina pelos israelenses em 1948 em troca de acordos bilaterais (que acabaram sendo firmados em 1979, no caso do Egito, e em 1994, no caso da Jordânia).

A ideia da divisão ressurgiu com novos nomes e referências durante os esforços de paz conduzidos pelos estadunidenses após 1967. Ela estava implícita em um novo discurso emergente: o dos "territórios para a paz", que todo negociador tratava como uma fórmula sagrada — quanto maior o território do qual Israel se retirasse, mais paz o Estado obteria. Agora o território do qual Israel poderia se retirar fazia parte dos 20 por cento que ainda não havia tomado em 1948. Assim, a ideia básica era estabelecer a paz dividindo os 20 por cento remanescentes entre Israel e quem o Estado judeu legitimasse como um parceiro para a paz (os jordanianos, até o final dos anos 1980, e os palestinos desde então).

---

* Walid Khalidi, "Revisiting the UNGA Partition Resolution", *Journal of Palestine Studies*, 27:1, 1997, pp. 5–21.

Não é de surpreender, portanto, que isso tenha se tornado a base lógica que guiou o início das negociações em Oslo. Foi fácil esquecer, contudo, que historicamente todas as propostas de divisão foram sucedidas por mais derramamento de sangue, e todas falharam em gerar a paz desejada. Na verdade, em nenhum momento os líderes palestinos exigiram uma divisão. Essa sempre foi uma ideia sionista e, mais tarde, israelense. Além disso, a porção de território reivindicada pelos israelenses crescia à medida que seu poder aumentava. Assim, conforme a ideia de partição angariava crescente apoio internacional, aos olhos palestinos ela parecia cada vez mais uma nova estratégia ofensiva. Por falta de alternativa, os partidos palestinos acabaram aceitando esse conjunto de circunstâncias como um mal menor dentro dos termos de negociação. No início dos anos 1970, o Fatah reconheceu a partição como etapa necessária no caminho para a libertação plena, mas não como acordo final por si só[*].

Na verdade, sem a aplicação de uma pressão extrema, não há no mundo uma razão para que uma população autóctone divida voluntariamente sua terra com uma população de colonos. E por isso devemos reconhecer que o processo de Oslo não foi uma busca justa e igualitária pela paz, mas um compromisso aceito por um povo colonizado e derrotado. Como resultado, os palestinos foram forçados a buscar soluções que iam contra os seus interesses e colocavam sua própria existência em risco.

O mesmo argumento vale para os debates referentes à "solução de dois Estados" oferecida em Oslo. Essa oferta

---

[*] O melhor relato dos acontecimentos que resultaram no Acordo de Oslo é Hilde Henriksen Waage, "Postscript to Oslo: The Mystery of Norway's Missing Files", *Journal of Palestine Studies*, 38:1, 2008, pp. 54–65.

deve ser vista pelo que ela é: partição sob uma retórica distinta. Mesmo neste cenário, embora os termos do debate pareçam outros, Israel não só decidiria quanto território cederia, mas também o que aconteceria nos territórios de que abrisse mão. Embora a promessa da criação de um Estado tenha persuadido o mundo e alguns palestinos, ela logo começou a soar vazia. Mesmo assim, essas duas noções interligadas — retirada territorial e criação de um Estado — foram apresentadas como partes de um acordo de paz em Oslo em 1993. Poucas semanas após a assinatura conjunta no gramado da Casa Branca, os problemas já despontavam no horizonte. No final de setembro, os preceitos vagos do Acordo já haviam se traduzido, na prática, em uma nova realidade geopolítica sob os termos do que foi chamado de Acordo Oslo II (ou Taba*). Isso incluía não só a partição da Cisjordânia e da Faixa de Gaza em zonas "judaicas" e "palestinas", mas também a partição de todas as áreas em pequenos cantões ou bantustões. A cartografia de paz de 1995 consistia em uma série de zonas palestinas repartidas que lembravam, nas palavras de muitos comentaristas, um queijo suíço**.

Assim que esse projeto veio à tona, as negociações afundaram depressa. Antes do encontro final da cúpula no verão de 2000, ativistas, acadêmicos e políticos palestinos haviam percebido que o processo que tinham apoiado não envolvia a retirada militar concreta dos israelenses dos territórios ocupados, tampouco a promessa de um verdadeiro Estado palestino. A farsa foi revelada e os avanços cessaram.

---

* Ver "1993 Oslo Interim Agreement", disponível em: <israelipalestinian.procon.org>.
** Ver Ian Black, "How the Oslo Accord Robbed the Palestinians", *The Guardian*, 4 de fevereiro de 2013.

O sentimento de desespero que se seguiu contribuiu para desencadear o segundo levante palestino no outono de 2000. O processo de paz de Oslo não fracassou apenas por sua adesão ao princípio da partição. O Acordo original previa uma promessa israelense de negociar as três questões que mais perturbavam os palestinos — o destino de Jerusalém, os refugiados e as colônias judaicas — assim que o período inicial de cinco anos chegasse a um desfecho exitoso. Nesse meio-tempo, os palestinos precisariam provar que eram capazes de desempenhar com eficácia o papel de seguranças terceirizados de Israel, prevenindo guerrilhas e ataques terroristas contra o Estado judeu, seu exército, seus colonos e seus cidadãos. Ao contrário da promessa feita na DOP Oslo, quando os cinco anos da primeira etapa chegaram ao fim, a segunda etapa, em que seriam discutidas as questões consideradas fundamentais pelos palestinos, jamais começou. O governo Netanyahu afirmou que não podia dar início a essa segunda etapa devido ao "mau comportamento" dos palestinos (que incluía "incitação em escolas" e condenação branda aos ataques terroristas contra soldados, colonos e seus cidadãos). Na verdade, porém, o processo foi interrompido principalmente em razão do assassinato do primeiro-ministro israelense Yithzak Rabin em novembro de 1995. O assassinato foi sucedido pela vitória do partido Likud, chefiado por Netanyahu, nas eleições nacionais de 1996. A objeção pública do novo primeiro-ministro ao Acordo emperrou o processo. Mesmo depois que os estadunidenses forçaram Israel a retomar as negociações, o progresso foi extremamente lento, e só voltou a fluir quando o partido trabalhista voltou ao poder com Ehud Barak em 1999. Barak estava determinado a concluir o processo e obter um acordo final, e para isso tinha total apoio da gestão Clinton.

A oferta final de Israel, apresentada durante as discussões em Camp David no verão de 2000, propunha um pequeno Estado palestino, com capital em Abu Dis, mas sem o desmantelamento significativo dos assentamentos e nenhuma esperança de retorno para os refugiados. Após os palestinos rejeitarem a oferta, houve uma tentativa informal do Ministro do Exterior israelense delegado, Yossi Beilin, de oferecer uma proposta mais razoável. Ele passou a concordar com o retorno dos refugiados a um futuro Estado palestino e sua repatriação simbólica a Israel. Mas esses termos informais jamais foram ratificados pelo Estado. (Graças ao vazamento de documentos cruciais, conhecidos como "Palestine papers", hoje podemos vislumbrar melhor o caráter dessas negociações, e recomendo que os leitores interessados em examinar outros aspectos da negociação realizada entre 2001 e 2007 consultem essa fonte acessível*.) Ainda assim, conforme as negociações caíam por terra, foram as lideranças palestinas, e não os políticos israelenses, os acusados de intransigência, o que levou ao fracasso de Oslo. Isso é um desserviço para os envolvidos e para a seriedade com que os prospectos de partição foram encarados.

A exclusão da agenda do direito de retorno dos palestinos é a segunda razão para que o Acordo de Oslo tenha sido irrelevante como processo de paz. Se a ideia de partição limitava o conceito de "Palestina" a Cisjordânia e a Faixa de Gaza, ignorar a questão dos refugiados e das minorias palestinas dentro de Israel reduzia o "povo palestino", em termos demográficos, a menos da metade da nação palestina. Essa

---

* Ver "Meeting Minutes: Taba Summit — Plenary Session", acessado em: <thepalestine-papers.com>.

falta de atenção à questão dos refugiados não era novidade. Desde o início dos esforços de paz na Palestina após o Mandato Britânico, os refugiados têm sido alvo de uma campanha de repressão e negligência. Já na primeira conferência de paz após 1948 (o encontro de Lausanne, realizado em abril de 1949), o problema dos refugiados foi excluído da agenda de paz e desatrelado do conceito de "Conflito Palestino". Israel participou daquela conferência apenas porque era uma pré-condição para que fosse aceito como membro pleno da ONU* — exigiu-se ainda que Israel assinasse um protocolo, o Protocolo de Maio, comprometendo-se com os termos da Resolução 194, que incluía uma convocatória incondicional para o retorno dos refugiados palestinos às suas casas ou o pagamento de compensações. Um dia após a assinatura, em maio de 1949, Israel foi aceito na ONU e recuou imediatamente de seu compromisso com o protocolo.

Na esteira da Guerra de Junho de 1967, o mundo aceitou a alegação israelense de que o conflito na Palestina começou com essa guerra e foi essencialmente um embate referente ao futuro da Cisjordânia e da Faixa de Gaza. Diversos regimes árabes também aceitaram essa visão, abandonando a pauta do problema dos refugiados. No entanto, os campos de refugiados logo se tornaram locais de intensa atividade política, social e cultural. Foi neles, por exemplo, que o movimento de libertação palestino renasceu. Só a ONU continuou mencionando em diversas de suas resoluções a obrigação da comunidade internacional de garantir a repatriação total e incondicional dos refugiados palestinos — compromisso

---

* Ilan Pappe, *The Making of the Arab-Israeli Conflict, 1948–1951*, Londres e Nova York: I.B. Tauris, 1992, pp. 203–43.

assumido pela primeira vez na Resolução 194 de 1948. Até hoje a ONU mantém um grupo intitulado "Comissão sobre o Exercício dos Direitos Inalienáveis do Povo Palestino", mas ele teve pouco impacto no processo de paz. O Acordo de Oslo não foi diferente. Nesse documento, a questão dos refugiados foi relegada a uma subcláusula, quase invisível em meio à massa de palavras. Os parceiros palestinos do Acordo contribuíram para essa ofuscação, provavelmente mais por negligência que por intenção, mas o resultado foi o mesmo. O problema dos refugiados — o centro do conflito palestino, uma realidade reconhecida por todos os palestinos, em todos os lugares, e por qualquer pessoa solidária à causa palestina — foi marginalizado nos documentos de Oslo. Como alternativa, a questão foi entregue a um grupo multilateral de vida breve a quem foi solicitado foco nos refugiados de 1967, ou seja, nos palestinos que foram expulsos ou fugiram após a Guerra de Junho. O Acordo de Oslo de fato substituiu uma tentativa embrionária, nascida durante o processo de paz de Madri em 1991, de formar um grupo multilateral para discutir a questão dos refugiados com base na Resolução 194 da Assembleia Geral da ONU. O grupo foi liderado pelos canadenses — que consideravam o direito de retorno um mito — até 1994, e então se esvaziou. Em todo caso, o grupo parou de se reunir sem qualquer anúncio oficial, e o destino até mesmo dos refugiados de 1967 (mais de 300 mil) foi abandonado*.

    A implementação do Acordo após 1993 apenas piorou as coisas. As regras exigiam que as lideranças palestinas abdicassem do direito de retorno. Assim, apenas cinco anos após

---

* Robert Bowker, *Palestinian Refugees: Mythology, Identity and the Search for Peace*, Boulder: Lynne Rienner Publishers, 2003, p. 157.

a divisão em cantões da "entidade palestina" e sua transformação em um bantustão, a liderança palestina ganhou permissão para expressar seu desejo de incluir o problema dos refugiados nas negociações por uma solução permanente da questão palestina. No entanto, o Estado israelense conseguiu estabelecer os termos da discussão, e escolheu dissociar o "problema dos refugiados", para ele uma queixa legítima dos palestinos, do "direito de retorno", que descreveu como uma provocação palestina.

A questão dos refugiados não se saiu melhor em 2000, quando a cúpula se reuniu em Camp David para a última tentativa fracassada de salvar o acordo. Em janeiro de 2000, o governo Barak apresentou uma proposição, endossada pelos negociantes estadunidenses, definindo os parâmetros para as negociações. Tratava-se de um ditame israelense, e os palestinos não conseguiram produzir uma contraproposta até a reunião da cúpula no verão seguinte. As "negociações" finais foram basicamente um esforço conjunto de Israel e Estados Unidos para que os palestinos apoiassem uma proposição que incluía, dentre outras coisas, a rejeição absoluta e categórica do direito de retorno palestino. O documento deixava em aberto o número de refugiados que poderia retornar aos territórios controlados pela Autoridade Palestina; contudo, todas as partes envolvidas sabiam que essas áreas abarrotadas não podiam comportar mais gente, e que havia espaço de sobra para a repatriação de refugiados no resto de Israel e da Palestina. Essa parte da discussão foi um gesto sem sentido, incluído apenas para silenciar qualquer crítica sem oferecer uma solução real.

Portanto o processo de paz de 1990 mal pode ser chamado assim. A insistência na partição e a retirada de pauta da questão dos refugiados reduziu o processo de Oslo, na melhor das hipóteses, a um remanejo militar, uma reestruturação do controle israelense na Cisjordânia e na Faixa de Gaza. Na pior das hipóteses, ele inaugurou um novo sistema de controle que tornou a vida dos palestinos em territórios ocupados muito pior do que antes.

Após 1995, ficou dolorosamente evidente que, na prática, o resultado do Acordo de Oslo não havia sido a paz, mas a ruína da sociedade palestina. Após o assassinato de Rabin e a eleição de Netanyahu em 1996, o Acordo virou um discurso de paz sem qualquer relevância para a realidade cotidiana. Durante o período das conversas — entre 1996 e 1999 —, novos assentamentos foram construídos e novas punições coletivas foram impostas aos palestinos. Em 1999, uma visita à Cisjordânia e à Faixa de Gaza bastaria para persuadir mesmo aqueles que acreditavam na solução de dois Estados a concordarem com o pesquisador israelense Meron Benvenisti, que escreveu que Israel havia criado fatos irreversíveis com seus atos: a solução de dois Estados foi assassinada por Israel*. Como o processo de Oslo não foi um processo de paz genuíno, a participação dos palestinos nele e sua relutância em levá-lo adiante não indica uma suposta cultura política violenta e intransigente, mas uma resposta natural à farsa diplomática que consolidou e aprofundou o controle israelense sobre os territórios ocupados.

Isso nos leva ao segundo mito acerca do processo de Oslo, segundo o qual a intransigência de Yasser Arafat seria responsável pelo insucesso da cúpula de Camp David em

---

* Meron Benvenisti, *West Bank Data Project: A Survey of Israel's Politics*, Jerusalem: AEI Press, 1984.

2000. Duas perguntas precisam ser respondidas aqui. Em primeiro lugar: o que aconteceu no verão de 2000 em Camp David; quem foi o responsável pelo fracasso da cúpula? Em segundo lugar: quem foi o responsável pela violência da Segunda Intifada? As duas perguntas nos ajudarão a abordar diretamente a hipótese corrente segundo a qual Arafat era um beligerante que foi a Camp David para enterrar o processo de paz e depois retornou à Palestina determinado a iniciar uma nova Intifada.

Antes de respondermos a essas perguntas, devemos lembrar como era a realidade nos territórios ocupados no dia em que Arafat partiu para Camp David. Meu argumento central é o de que Arafat foi a Camp David para mudar a realidade, enquanto os israelenses e estadunidenses chegaram lá determinados a conservá-la. O processo de Oslo havia transformado os territórios ocupados em uma geografia do desastre, tornando a qualidade de vida dos palestinos muito pior após o Acordo se comparada ao período anterior a ele. Já em 1994, o governo de Rabin forçara Arafat a aceitar o modo como pretendia implementar o Acordo. A Cisjordânia foi dividida nas famosas áreas A, B e C. A Área C ficou sob controle direto de Israel e correspondia à metade da Cisjordânia. A movimentação dentro dessas áreas e entre elas se tornou quase impossível, e a Cisjordânia foi desligada da Faixa de Gaza. Gaza já estava dividida entre palestinos e colonos judeus, que utilizavam a maior parte dos recursos hídricos e viviam em comunidades fechadas cercadas de arame farpado. Assim, o resultado final desse suposto processo de paz foi a deterioração da qualidade de vida dos palestinos.

Essa era a realidade quando Arafat chegou a Camp David no verão de 2000. Queriam que ele assinasse, como um acordo final, os fatos irreversíveis que haviam tornado a solução de dois Estados uma configuração que, na melhor das hipóteses, deixaria os palestinos com dois pequenos bantustões, e na pior, permitiria que Israel anexasse novos territórios. O acordo também o forçava a abdicar de quaisquer reivindicações palestinas futuras ou de propor uma maneira de aliviar o sofrimento imposto todos os dias à maioria dos palestinos.

Temos um relatório autêntico e confiável sobre o que aconteceu em Camp David feito por Hussein Agha e Robert Malley, do Departamento de Estado*. Sua narrativa detalhada apareceu na *New York Review of Books* e começa desmontando a versão israelense de que Arafat teria arruinado a cúpula. O artigo argumenta que o principal problema para Arafat era que, nos anos posteriores a Oslo, a vida dos palestinos nos territórios ocupados só tinha piorado. De forma bem razoável, segundo esses dois oficiais estadunidenses, ele sugeriu que, ao invés de se apressar "para encerrar o conflito de uma vez por todas" em duas semanas, Israel deveria aceitar algumas medidas que ajudariam a restaurar a fé dos palestinos na utilidade e nos benefícios de um processo de paz. O período de duas semanas, a propósito, não era uma demanda israelense, mas uma tola janela de tempo imposta por insistência de Bill Clinton, que estava preocupado com o próprio legado.

Havia duas propostas principais que Arafat considerava abertas a discussão e que, caso aceitas, poderiam melhorar a realidade concreta. A primeira era reduzir a colonização

---

* Robert Malley e Hussein Agha, "Camp David: The Tragedy of Errors", *New York Review of Books*, 9 de agosto de 2001.

intensa na Cisjordânia, que havia crescido desde Oslo. A segunda era dar fim à brutalidade da vida cotidiana palestina, causada pelas severas restrições de movimento, punições coletivas frequentes, prisões sem julgamento e humilhações constantes nos postos de controle. Essas práticas ocorriam em todas as áreas onde havia contato entre o exército ou a administração civil israelenses (a instituição que geria os territórios) e a população local.

Segundo o depoimento dos oficiais estadunidenses, Barak se recusou a mudar a política de Israel referente às colônias judaicas ou ao abuso diário dos palestinos. Ele assumiu uma posição rígida que deixou Arafat sem escolha. Nada do que Barak propusesse no acordo final significaria muito se não houvesse a promessa de mudanças imediatas na realidade concreta. Como era de se prever, Arafat foi execrado por Israel e seus aliados, que o descreveram como um beligerante que, logo após deixar Camp David, incitou a Segunda Intifada. O mito aqui é que a Segunda Intifada teria sido um ataque terrorista patrocinado, e talvez até planejado, por Yasser Arafat. A verdade é que foi uma demonstração em massa da insatisfação com as traições de Oslo, agravadas pelas provocações de Ariel Sharon. Em setembro de 2000, no papel de líder da oposição, Sharon incitou a revolta ao visitar Haram al-Sharif, o Monte do Templo, com um grande corpo de segurança e ampla cobertura midiática.

De início a ira palestina se expressou em manifestações não violentas suprimidas por Israel com uso brutal da força. A repressão impiedosa levou a uma resposta mais desesperada: os homens-bomba, usados como último recurso contra a maior potência militar da região. Correspondentes de jornais israelenses deixaram relatos claros de como suas reportagens sobre as primeiras etapas da Intifada — que descreviam um movimento não violento esmagado pelo exército de Israel — foram engavetadas por seus editores para evitar contradições com a narrativa do governo. Um deles foi um editor-chefe do *Yeidot Ahronoth*, principal jornal diário do Estado, que escreveu um livro sobre a desinformação produzida pela mídia israelense durante o início da Segunda Intifada*. Propagandistas israelenses alegavam que o comportamento dos palestinos só confirmava o famoso ditado do veterano superdiplomata israelense Abba Eban, para quem os palestinos não perdiam uma oportunidade de perder uma oportunidade de paz.

Hoje podemos compreender melhor o que desencadeou essa furiosa reação israelense. Em seu livro *Boomerang*, dois experientes jornalistas israelenses, Ofer Shelah e Raviv Drucker, entrevistam o chefe do estado-maior e estrategista do Ministério da Defesa, fornecendo-nos dados internos da visão desses oficiais sobre o assunto**. Eles concluem que, no verão de 2000, o exército israelense ficou frustrado após sua humilhante derrota para o Hezbollah no Líbano. Havia o temor de que essa derrota sinalizasse uma fraqueza do exército, tornando necessária uma demonstração de força. Reafirmar sua autoridade dentro dos territórios ocupados era exatamente o tipo de demonstração de força bruta que o "invencível" exército israelense precisava. Foram emitidas ordens para que respondesse com todo seu poderio, e assim o exército o fez. Durante a retaliação israelense aos ataques terroristas contra um hotel no resort costeiro de Netanya, em abril de

---

* Daniel Dor, *The Suppression of Guilt: The Israeli Media and the Reoccupation of the West Bank*, Londres: Pluto Press, 2005.
** Raviv Drucker e Ofer Shelah, *Boomerang*, Jerusalem: Keter, 2005 (em hebraico).

2002 (em que foram mortas trinta pessoas), o exército usou, pela primeira vez, aviões para bombardear cidades palestinas e campos de refugiados densamente povoados na Cisjordânia. Ao invés de caçar os indivíduos responsáveis pelos ataques, os armamentos pesados mais letais foram usados contra pessoas inocentes. Em seu jogo de apontar culpados pelo fracasso em Camp David, Israel e Estados Unidos também gostavam de lembrar a opinião pública que os líderes palestinos tinham um problema crônico: na hora da verdade, eles sempre demonstravam preferência pela guerra. A ideia de que "não há ninguém do lado palestino com quem se possa conversar" ressurgiu como análise corriqueira entre especialistas e comentaristas em Israel, na Europa e nos Estados Unidos nesse período. Era uma alegação particularmente cínica. O governo e o exército israelenses haviam tentado impor à força sua própria leitura do Acordo de Oslo — com o objetivo de que os palestinos consentissem com uma ocupação permanente —, e nem mesmo Arafat, fragilizado como estava, pôde aceitar isso. Assim como tantos outros líderes que poderiam ter guiado seu povo à reconciliação, Arafat foi alvo dos israelenses. A maioria desses líderes acabou assassinada, como provavelmente aconteceu com o próprio Arafat. A execução seletiva de líderes palestinos, inclusive moderados, não era um fenômeno novo. Israel adotou essa política em 1972 ao assassinar Ghassan Kanafani, poeta e escritor que poderia ter conduzido seu povo à paz. É emblemático que ele, um ativista secular e de esquerda, tenha sido um dos alvos de Israel, que mais tarde "lamentaria" não ter parceiros de paz como aqueles que assassinou.

Em maio de 2001, o presidente George Bush filho nomeou o senador Robert Mitchell como enviado especial para o Oriente Médio. Mitchell elaborou um relatório sobre as causas da Segunda Intifada e apontou: "Não dispomos de qualquer base para concluir que houve um plano deliberado da Autoridade Palestina (AP) de iniciar uma campanha de violência na primeira oportunidade; tampouco para concluir que havia algum plano deliberado [do governo de Israel] para reagir com força letal*". Por outro lado, ele culpou Ariel Sharon por provocar instabilidade social ao visitar e violar o caráter sagrado da mesquita de Al-Aqsa e os lugares sagrados do Islã.

Em resumo, mesmo o politicamente enfraquecido Arafat percebeu que a interpretação israelense de Oslo em 2000 significava o fim de qualquer esperança de vida normal para os palestinos e os condenava a um maior sofrimento futuro. A seu ver, esse cenário estava errado não apenas do ponto de vista moral, mas também fortalecia (como ele bem sabia) a posição daqueles que viam na luta armada a única maneira de libertar a Palestina. Israel poderia ter interrompido a Segunda Intifada a qualquer momento, mas o exército precisava de uma demonstração de "sucesso". Só com a operação bárbara do "Escudo Defensivo" em 2002 e a construção do infame "muro do apartheid" — seu tão desejado sucesso — eles conseguiriam, por algum tempo, reprimir a revolta.

---

*   Para o texto completo, ver "Sharm El-Sheikh Fact-Finding Committee Report: 'Mitchell Report'", 30 de abril de 2001, disponível em: <eeas.europa.eu>.

9
As mitologias de Gaza

Para a opinião pública internacional, o tema da Palestina está muito atrelado à Faixa de Gaza. Desde o primeiro ataque de Israel ao local em 2006, até os recentes bombardeios, em 2014, dos 1,8 milhão de palestinos que vivem lá, a região se converteu em símbolo da questão palestina para o mundo. Neste capítulo, apresentarei três mitos que confundem a opinião pública quanto às causas da violência contínua em Gaza, e que explicam a desesperança sentida por todos os que desejam acabar com a miséria das pessoas que vivem confinadas em uma das porções de terra mais densamente povoadas do mundo.

O primeiro mito diz respeito a um dos principais agentes em atividade na Faixa de Gaza: o movimento Hamas. Seu nome é o acrônimo árabe para "Movimento de Resistência Islâmica", e a palavra *hamas* também significa literalmente "entusiasmo". Ele surgiu no Egito em meados dos anos 1980 a partir de uma ramificação do movimento fundamentalista islâmico Irmandade Muçulmana. Começou como uma organização educacional e beneficente, mas se transformou em movimento político durante a Primeira Intifada em 1987. No ano seguinte, publicou um estatuto afirmando que apenas os dogmas do Islã político trariam esperança de libertação para a Palestina. Como esses dogmas seriam implementados, ou o que significariam na prática, é algo que jamais foi de todo explicado ou demonstrado. Desde a sua criação, o Hamas tem se envolvido em uma batalha existencial contra o Ocidente, Israel, a Autoridade Palestina (AP) e o Egito.

Quando o Hamas despontou no final dos anos 1980, seu principal rival na Faixa de Gaza era o movimento Fatah, fundador e principal organização da OLP. O Fatah perdeu parte do apoio palestino após negociar o Acordo de Oslo e fundar a Autoridade Palestina (por isso, o chefe da OLP é também presidente da AP e líder do Fatah). Trata-se de um movimento secular, com sólidos elementos de esquerda, inspirado pelas ideologias de libertação do Terceiro Mundo dos anos 1950 e 1960 e fundamentalmente comprometido até hoje com a criação, na Palestina, de um Estado democrático secular e para todos. Em termos estratégicos, contudo, o Fatah defende a solução de dois Estados desde os anos 1970. O Hamas, por sua vez, reivindica que Israel se retire totalmente dos territórios ocupados e exige um armistício de dez anos após essa retirada antes de discutir qualquer solução futura.

O Hamas questionava a política pró-Oslo do Fatah, seu descaso com o bem-estar econômico e social e seu fracasso em dar um fim à ocupação. Os questionamentos ganharam força quando, em meados dos anos 2000, o Hamas decidiu criar um partido político para as eleições municipais e nacional. Sua popularidade tanto na Cisjordânia como na Faixa de Gaza havia crescido graças ao seu papel de destaque na organização da Segunda Intifada em 2000, quando seus membros se dispuseram a servir de homens-bomba, ou ao menos a assumir um papel mais ativo na resistência à ocupação (cabe apontar que, durante a Intifada, os membros jovens do Fatah também demonstraram níveis equivalentes de comprometimento e determinação, e Marwan Barghouti, um de seus icônicos líderes, ainda está preso em Israel por seu papel na revolta). A morte de Yasser Arafat em novembro de 2004 criou um vácuo político na liderança, e a Autoridade Palestina, em conformidade com sua própria constituição, precisava realizar eleições presidenciais. O Hamas boicotou essas eleições sob a alegação de que elas serviam mais ao processo de Oslo que à democracia. A organização participou, contudo, das eleições municipais nesse mesmo ano (2005), nas quais teve ótimos resultados e assumiu o controle de um terço dos municípios em territórios ocupados. Saiu-se ainda melhor nas eleições de 2006 para o parlamento — a assembleia legislativa da AP, como é chamado. O partido conquistou uma maioria confortável na assembleia, ganhando assim o direito de implementar um governo — o que chegou a fazer por um breve período, antes de entrar em conflito com o Fatah e com Israel. Na disputa que se seguiu, o Hamas foi expulso do poder político oficial na Cisjordânia, mas tomou conta da Faixa de Gaza. Sua recusa em aceitar o Acordo de Oslo ou reconhecer o Estado de Israel, e sua relação com a luta armada formam o contexto do primeiro mito que examinarei aqui. O Hamas é tachado de organização terrorista, tanto pela mídia como pela legislação. Vou argumentar que ele é um movimento de libertação e de caráter legítimo.

O segundo mito que examinarei diz respeito à decisão israelense que criou um vácuo na Faixa de Gaza e permitiu ao Hamas não só vencer as eleições de 2006, mas também expulsar o Fatah à força no mesmo ano. Trata-se da retirada unilateral de Israel da Faixa de Gaza em 2005 após quase quarenta anos de ocupação. O segundo mito afirma que essa retirada teria sido um gesto de paz ou reconciliação, que foi respondido com hostilidade e violência. É fundamental debatermos, como faço neste capítulo, as origens dessa decisão israelense e observarmos a fundo seu impacto em Gaza desde então. Na verdade, eu afirmo que essa decisão fazia parte de uma estratégia para fortalecer o domínio israelense na Cisjordânia e transformar a Faixa de Gaza em uma megaprisão que poderia ser vigiada e monitorada desde seu exterior. Israel não só retirou seu exército e serviço secreto de Gaza, mas também removeu, em um processo muito doloroso, os milhares de colonos judeus enviados para lá desde 1969. Assim, argumentarei que encarar essa decisão como um gesto pacífico é um mito. Ela foi muito mais um reposicionamento estratégico de forças para viabilizar uma resposta cruel à vitória do Hamas com consequências desastrosas para a população de Gaza.

E de fato, o terceiro e último mito que analisarei é a alegação por parte de Israel de que suas ações desde 2006 fazem parte de uma guerra de autodefesa contra o terrorismo. Arriscarei chamar essas ações, como já fiz em outras ocasiões, de genocídio incremental do povo de Gaza.

O Hamas é uma organização terrorista

A vitória do Hamas nas eleições gerais de 2006 desencadeou uma onda de reação islamofóbica em Israel. Daquele momento em diante, a demonização dos palestinos como "árabes" abomináveis foi reforçada pelo novo rótulo de "fanáticos muçulmanos". A linguagem do ódio veio acompanhada de novas políticas agressivas antipalestina que vieram a agravar a já atroz e deplorável situação nos territórios ocupados.

Outras ondas de islamofobia já haviam ocorrido em Israel no passado. A primeira delas aconteceu no final dos anos 1980, quando um número muito pequeno de trabalhadores palestinos — quarenta pessoas, em uma comunidade de 150 mil — cometeu atos criminosos ao esfaquearem seus patrões judeus e alguns transeuntes. No rescaldo desses ataques, acadêmicos, jornalistas e políticos israelenses associaram o crime ao Islã (tanto à religião quanto à cultura) sem fazer qualquer referência à ocupação ou à precariedade do mercado de trabalho surgido em suas margens. Uma onda muito mais grave de islamofobia irrompeu durante a Segunda Intifada, em outubro de 2000. Como o levante militarizado foi levado a cabo sobretudo por grupos islâmicos — especialmente homens-bomba —, foi mais fácil para a mídia e a elite política israelenses demonizar o "Islã" aos olhos de muitos israelenses*. Uma terceira onda começou em 2006, logo após a vitória do Hamas nas eleições para o parlamento palestino. As mesmas características das duas ondas anteriores também eram visíveis nesta. Entre elas, a mais evidente foi uma visão reducionista que associa tudo o que é de origem muçulmana à violência, ao terror e à desumanidade.

Como demonstrei em meu livro, *The Idea of Israel***, entre 1948 e 1982 os palestinos foram demonizados mediante comparações com os nazistas***. O mesmo processo de "nazificação" dos palestinos é hoje aplicado ao Islã em geral, e a

---

* Ilan Pappe, "The Loner Desparado: Oppression, Nationalism and Islam in Occupied Palestine", in: Marco Demichelis e Paolo Maggiolini (eds.). *The Struggle to Define a Nation: Rethinking Religious Nationalism in the Contemporary Islamic World (The Modern Muslim World)*, New Jersey: Giorgias Press, 2017.
** Ilan Pappe, *The Idea of Israel*, op. cit. pp. 27–47.
*** Ibid, pp. 153–78.

seus ativistas em particular. Isso vem acontecendo desde que o Hamas e sua organização irmã, a Jihad Islâmica, se envolveram em atividades terroristas, militares e guerrilheiras. De fato, a retórica do extremismo obliterou a rica história do Islã político na Palestina, bem como as diversificadas atividades sociais e culturais que o Hamas desempenhou ao longo da sua história.

Uma análise mais neutra revela os exageros da imagem demonizada segundo a qual o Hamas seria um grupo de fanáticos insanos e cruéis*. Como outros movimentos dentro do Islã político, a organização é reflexo de uma complexa reação local à dura realidade da ocupação, e uma resposta aos planos desorientados propostos no passado pelas forças palestinas socialistas e seculares. Os analistas mais envolvidos com a questão já estavam bem preparados para o triunfo do Hamas nas eleições de 2006, ao contrário dos governos israelense, estadunidense e europeus. É irônico que tenham sido sobretudo os especialistas e orientalistas, sem falar nos políticos e chefes da inteligência israelenses, a serem pegos de surpresa com os resultados das eleições. O que mais pasmou os grandes especialistas israelenses em Islã foi o caráter democrático dessa vitória. Em sua leitura coletiva, os muçulmanos fanáticos não poderiam ser nem democráticos, nem populares. Esses mesmos especialistas já demonstraram falhas de compreensão similares no passado. Desde a ascensão do Islã político no Irã e no mundo árabe, a comunidade de especialistas em Israel tem se comportado como se o impossível estivesse ocorrendo bem diante de seus olhos.

---

* Uma abordagem original acerca do Hamas pode ser encontrada em *Hamas and Civil Society in Gaza: Engaging the Islamist Social Sector*, Princeton: Princeton University Press, 2011.

Falhas de compreensão — e, por conseguinte, previsões equivocadas — são recorrentes nas análises israelenses sobre os palestinos há muito tempo, sobretudo no que diz respeito às forças políticas islâmicas dentro da Palestina. Em 1976, o primeiro governo Rabin permitiu a realização de eleições municipais na Cisjordânia e na Faixa de Gaza. Eles calcularam, equivocadamente, que os antigos quadros políticos pró-Jordânia seriam eleitos na Cisjordânia, e os pró-Egito na Faixa de Gaza. O eleitorado votou massivamente em candidatos da OLP*. Os israelenses foram pegos de surpresa, mas não deveriam. Afinal, a expansão de poder e popularidade da OLP ocorreu em paralelo aos esforços orquestrados de Israel para frear, ou mesmo eliminar, os movimentos seculares e socialistas na sociedade palestina, tanto nos campos de refugiados como nos territórios ocupados. De fato, o Hamas se tornou um ator relevante graças em parte à política israelense de estímulo ao estabelecimento de uma infraestrutura educacional islâmica em Gaza como contrapeso à influência do movimento secular do Fatah junto à população local.

Em 2009, Avner Cohen, que serviu na Faixa de Gaza mais ou menos na época em que o Hamas começou a ganhar poder no final dos anos 1980 e era encarregado de tratar de questões religiosas nos territórios ocupados, disse ao *Wall Street Journal* que "o Hamas, para meu grande arrependimento, é uma criação de Israel**". Cohen explica como Israel ajudou a instituição de caridade Mujama al-Islamiya

---

* Yehuda Lukacs, *Israel, Jordan, and the Peace Process*, Albany: Syracuse University Press, 1999, p. 141.
** Citado em Andrew Higgins, "How Israel Helped to Spawn Hamas", *Wall Street Journal*, 24 de janeiro de 2009.

(a "Sociedade Islâmica"), fundada pelo Xeique Ahmed Yassin em 1979, a se tornar um poderoso movimento político do qual surgiu o Hamas em 1987. O Xeique Yassin, um clérigo islâmico aleijado e quase cego, fundou o Hamas e foi seu líder espiritual até ser assassinado em 2004. De início, Israel o procurou com uma oferta de ajuda e a promessa de uma autorização de expansão. Os israelenses esperavam que, com seu trabalho educacional e de caridade, esse líder carismático contrabalanceasse o poder do secular Fatah na Faixa de Gaza e fora dela. Cabe observar que, no final dos anos 1970, Israel, assim como os Estados Unidos e a Grã-Bretanha, via os movimentos nacionais seculares (cuja ausência hoje lamentam) como o maior inimigo do Ocidente.

Em seu livro *To Know the Hamas*, o jornalista israelense Shlomi Eldar conta uma história semelhante sobre as fortes ligações entre Yassin e Israel*. Com bênção e apoio de Israel, a "Sociedade" abriu uma universidade em 1979, um sistema escolar independente e uma rede de clubes e mesquitas. Em 2014, o *Washington Post* tirou suas próprias e semelhantes conclusões acerca da relação próxima entre Israel e a "Sociedade" até ela se transformar no Hamas em 1988**. Em 1993, o Hamas se tornou o principal opositor ao Acordo de Oslo. Embora o acordo ainda contasse com algum apoio, vinha enfrentando uma queda de popularidade; contudo, conforme Israel foi recuando da maioria dos pleitos com que havia concordado durante as negociações, o apoio ao Hamas se fortaleceu mais uma vez. Foi especialmente importante a política de assentamentos

---

* Shlomi Eldar, *To Know the Hamas*, Tel Aviv: Keter, 2012 (em hebraico).
** Ishaan Tharoor, "How Israel Helped to Create Hamas", *Washington Post*, 30 de julho de 2014.

israelense e seu uso excessivo da força contra a população civil nos territórios.

Mas a popularidade do Hamas entre os palestinos não dependia apenas do sucesso ou do fracasso do Acordo de Oslo. O movimento também conquistou a mente e o coração de muitos muçulmanos (maioria nos territórios ocupados) devido ao fracasso da modernidade secular em encontrar soluções para as penúrias diárias da vida sob ocupação. Como ocorreu com outros grupos políticos islâmicos no mundo árabe, o fracasso dos movimentos seculares em propiciar emprego, bem-estar e seguridade econômica levou muitas pessoas a recorrerem à religião, que oferecia conforto e dispunha de redes de caridade e solidariedade bem estabelecidas. Em todo o Oriente Médio, assim como no mundo em geral, a modernização e a secularização beneficiaram uns poucos, mas deixaram muita gente infeliz, pobre e amargurada. A religião parecia uma panaceia e, às vezes, até uma opção política.

O Hamas se esforçou muito para arrebanhar uma grande parcela do apoio público enquanto Arafat ainda estava vivo, mas sua morte em 2004 criou um vácuo que o movimento não foi capaz de preencher de imediato. O sucessor de Arafat, Mahmoud Abbas (Abu Mazen), não gozava do mesmo respeito e legitimidade que seu antecessor. O fato de que Israel e o Ocidente haviam deslegitimado Arafat, mas reconheciam Abu Mazen como presidente palestino, reduziu sua popularidade entre os jovens, nas áreas rurais subdesenvolvidas e nos famélicos campos de refugiados. Os novos métodos de opressão de Israel inaugurados durante a Segunda Intifada — especialmente a construção do muro, os bloqueios nas estradas e as execuções seletivas — reduziram ainda mais o apoio à Autoridade Palestina e deram mais prestígio e popularidade ao Hamas. Seria justo concluir, portanto, que sucessivos governos israelenses fizeram tudo o que podiam para deixar os palestinos sem alternativa senão confiar e votar no único grupo preparado para resistir a uma ocupação que o renomado autor estadunidense Michael Chabon descreveu como "a mais penosa injustiça que vi na minha vida*".

A única explicação para a ascensão do Hamas oferecida pela maioria dos "especialistas" israelenses em questões palestinas, pertencentes ou não ao *mainstream*, foi uma alusão ao modelo neoconservador de "choque de civilizações" proposto por Samuel Huntington como meio de entender como a história funciona. Huntington dividia o mundo em duas culturas, racional e irracional, que inevitavelmente entravam em conflito. Ao votar no Hamas, os palestinos estariam se revelando o lado "irracional" da história — posição supostamente inevitável, dada sua religião e cultura. Benjamin Netanyahu expôs isso em termos ainda mais diretos ao dizer que um abismo cultural e moral separa os dois povos**.

Sem dúvida, o fracasso retumbante dos grupos e indivíduos palestinos que ganharam proeminência ao prometerem negociar com Israel sinalizou que as alternativas eram muito poucas. Nesse cenário, o aparente sucesso dos grupos militantes islâmicos em expulsar os israelenses da Faixa de Gaza ofereceu alguma esperança. Mas isso não é tudo. As raízes profundas que o Hamas tem na sociedade palestina de hoje se devem a seu esforço genuíno de ate-

---

* Chabon em uma entrevista para o *Haaretz* em 25 de abril de 2016.
** Para uma boa análise de como Netanyahu emprega o termo "choque de civilizações", elaborada por um acadêmico universitário, ver Joshua R. Fattal, "Israel vs. Hamas: A Clash of Civilizations?", *The World Post*, 22 de agosto de 2014, disponível em: <huffingtonpost.com>.

nuar o sofrimento de pessoas comuns, fornecendo educação, medicamentos e bem-estar. Não menos importante, a posição do Hamas em relação ao retorno dos refugiados de 1948, ao contrário da postura da AP, foi clara e inequívoca. O Hamas defendeu abertamente esse direito, enquanto a AP emitiu mensagens ambíguas, que incluem um discurso de Abu Mazen no qual ele abdicou do direito de retorno à sua cidade natal, Safad.

A retirada israelense foi um ato de paz

A Faixa de Gaza corresponde a pouco mais de 2 por cento das terras da Palestina. Esse pequeno detalhe jamais é mencionado quando o território é citado nos jornais, tampouco foi citado na cobertura midiática ocidental dos dramáticos acontecimentos em Gaza no verão de 2014. Na verdade, trata-se de uma porção tão pequena do país que, no passado, ela nem existia enquanto região à parte. Antes da sionização da Palestina em 1948, a história de Gaza não era singular ou diferente do restante da Palestina: ela sempre fez parte do país em termos políticos e administrativos. Por ser uma das principais portas marítimas e terrestres da Palestina para o mundo, o modo de vida ali costumava ser mais flexível e cosmopolita, não muito diferente de outras sociedades fronteiriças do leste do Mediterrâneo na era moderna. Sua localização costeira, na Via Maris que leva do Egito ao Líbano, trouxe prosperidade e estabilidade — até que isso foi perturbado, quase destruído, pela limpeza étnica da Palestina em 1948.

A Faixa de Gaza foi criada durante os últimos dias da guerra de 1948. As forças israelenses empurraram para lá centenas de milhares de palestinos da cidade de Jaffa e de suas porções austrais, chegando à cidade de Bir-Saba (hoje Beersheba). Outros foram expulsos de cidades como Majdal (Ashkelon) até 1950 e empurrados para lá durante as etapas finais da limpeza étnica. Assim, uma pequena porção pastoril da Palestina se tornou o maior campo de refugiados da Terra. E continua sendo até hoje. Entre 1948 e 1967, esse imenso campo de refugiados foi delineado e severamente reprimido por políticas israelenses e egípcias. Ambos os estados desautorizaram qualquer movimento de saída da Faixa de Gaza e, por consequência, as condições de vida foram se tornando cada vez mais duras à medida que o número de habitantes dobrava. Às vésperas da ocupação israelense em 1967, a natureza catastrófica dessa transformação demográfica forçada já era evidente. Em um intervalo de duas décadas, essa região costeira do sul da Palestina, antes agrária e pastoril, tornou-se uma das zonas de maior densidade populacional do mundo, sem dispor da infraestrutura econômica e ocupacional necessárias para amparar este cenário.

Durante os primeiros vinte anos de ocupação, Israel permitiu alguma movimentação de saída dessa área, delimitada com uma cerca. Permitiu-se que dezenas de milhares de palestinos fossem integrados ao mercado laboral israelense como trabalhadores mal remunerados e de baixa qualificação. O preço exigido em troca foi a rendição total. Quando a exigência não foi atendida, a livre movimentação de trabalhadores foi revogada. No período anterior ao Acordo de Oslo em 1993, Israel tentou retratar a Faixa de Gaza como um enclave que, a depender do desejo dos negociantes de paz, iria se tornar autônoma ou parte do Egito. Enquanto isso, a ala nacionalista de direita que participava do processo desejava incluí-la na "Eretz Israel" que eles sonhavam implementar no lugar da Palestina.

O Acordo de Oslo permitiu que os israelenses reafirmassem o status da Faixa de Gaza como entidade geopolítica avulsa — não só externa à Palestina, mas também dissociada da Cisjordânia. Era notório que ambas se encontravam sob controle da Autoridade Palestina, mas qualquer deslocamento humano entre os dois locais dependia da boa vontade de Israel. Esse aval já era raro na ocasião, e quase deixou de existir quando Netanyahu subiu ao poder em 1996. Ao mesmo tempo, Israel controlava, como ainda controla hoje, a infraestrutura de água e eletricidade. Desde 1993, o Estado explora esse controle para garantir o bem-estar da comunidade de colonos judeus, por um lado, e chantagear a população palestina e forçá-la à submissão, por outro. Ao longo dos últimos cinquenta anos, portanto, o povo na Faixa de Gaza precisou escolher entre ser detento, refém ou prisioneiro em um espaço humano impossível.

É nesse contexto histórico que devemos analisar os violentos embates entre Israel e o Hamas desde 2006. À luz deste contexto, temos que rejeitar a descrição das ações israelenses como parte de uma "guerra ao terror" ou "guerra de autodefesa". Tampouco devemos aceitar a imagem do Hamas como extensão da Al-Qaeda, parte da rede do Estado Islâmico ou mero peão em uma trama sediciosa do Irã para controlar a região. Se há um aspecto vil na presença do Hamas em Gaza trata-se das antigas ações do grupo contra outros movimentos palestinos entre 2005 e 2007. O principal embate foi com o Fatah na Faixa de Gaza, e os dois lados contribuíram para os atritos que resultaram numa guerra civil. O embate surgiu depois que o Hamas venceu as eleições legislativas de 2006 e formou o governo, que incluía um ministro do Hamas responsável pelas forças de segurança. Em uma tentativa de enfraquecer o Hamas, o presidente Abbas transferiu essa responsabilidade ao chefe do serviço secreto palestino, membro do Fatah. O Hamas reagiu estabelecendo suas próprias forças de segurança em Gaza.

Em dezembro de 2006, um violento embate na fronteira, em Rafah, entre a Guarda Presidencial e as forças de segurança do Hamas desencadeou um conflito que se estenderia até o verão de 2007. A Guarda Presidencial era um braço militar do Fatah composto por 3 mil homens, em sua maioria leais a Abbas. A Guarda havia sido treinada por consultores dos EUA no Egito e na Jordânia (Washington havia destinado quase 60 milhões de dólares à sua manutenção). O incidente foi desencadeado pela recusa de Israel a permitir que o primeiro-ministro do Hamas, Ismail Haniyeh, entrasse na Faixa de Gaza — ele carregava doações em dinheiro do mundo árabe, segundo relatos, dezenas de milhões de dólares. As forças do Hamas então invadiram o controle de fronteira, gerido pela Guarda Presidencial, e a luta teve início*.

Depois desse episódio, a situação se deteriorou rapidamente. O carro de Haniyeh foi atacado após adentrar a Faixa. O Hamas culpou o Fatah pelos ataques. Contendas espocaram na Faixa de Gaza e também na Cisjordânia. No mesmo mês, a Autoridade Palestina decidiu dissolver o governo controlado pelo Hamas e substituí-lo por um gabinete de emergência. Essa medida provocou os embates mais graves entre os dois lados, que perduraram até o final de maio de 2007 e deixaram dezenas de mortos e muitos feridos (estima-se

---

* "Hamas Accuses Fatah over Attack", *Al Jazeera*, 15 de dezembro de 2006.

que 120 pessoas tenham morrido). O conflito só terminou quando o governo da Palestina foi dividido em dois: um em Ramallah, outro em Gaza*. Embora os dois lados sejam responsáveis pela carnificina, também houve (como soubemos pelos documentos palestinos vazados pela *Al Jazeera* em 2007) um fator externo que incitou o Fatah contra o Hamas. Já em 2004, a agência de inteligência britânica MI6 sugeriu que o Fatah se antecipasse ao possível estabelecimento de um enclave do Hamas na Faixa de Gaza. Para tanto, desenvolveu um plano de segurança cujo objetivo era "encorajar e capacitar a Autoridade Palestina a cumprir plenamente suas obrigações de segurança [...] degradando as capacidades dos resistentes (que o documento nomeia mais tarde de Hamas)**". O primeiro-ministro britânico à época, Tony Blair, havia desenvolvido especial interesse pela causa palestina e esperava exercer um impacto que compensasse — ou o absolvesse de — sua desastrosa aventura no Iraque. O jornal *The Guardian* resumiu seu envolvimento como um estímulo para que o Fatah fechasse o cerco ao Hamas***. Israel e Estados Unidos deram conselhos semelhantes ao Fatah, em um esforço para impedir que o Hamas tomasse conta da Faixa de Gaza. No entanto, as coisas desandaram e o esforço para se antecipar ao Hamas foi um tiro que saiu pela culatra.

---

*   Ibrahim Razzaq, "Reporter's Family was Caught in the Gunfire", *Boston Globe*, 17 de maio de 2007 — um dos muitos relatos de testemunhas oculares desses dias difíceis.
** "Palestine Papers: UK's MI6 'tried to weaken Hamas'", *BBC News*, 25 de janeiro de 2011, disponível em: <bbc.co.uk>.
*** Ian Black, "Palestine Papers Reveal MI6 Drew up Plan for Crackdown on Hamas", *The Guardian*, 25 de janeiro de 2011.

Em parte, esse foi um conflito entre políticos democraticamente eleitos e aqueles ainda com dificuldade de aceitar o veredicto do público. Mas a história está longe de se resumir a isso. O que ocorreu em Gaza foi uma batalha entre as marionetes locais de Israel e dos Estados Unidos — sobretudo membros do Fatah e da AP, que na maior parte dos casos se tornaram marionetes à própria revelia, mas ainda assim dançaram conforme a música de Israel — e seus opositores. O modo como o Hamas agiu contra outras facções foi, mais tarde, retribuído pela ação que a AP empreendeu contra eles na Cisjordânia. É muito difícil celebrar ou condenar qualquer uma dessas movimentações. Por outro lado, pode-se entender plenamente por que os palestinos seculares se opõem à criação de uma teocracia; como ocorre em muitas outras partes do Oriente Médio, um embate acerca do papel da tradição e da religião na sociedade continuará sendo travado na Palestina. Todavia, nesse momento, o Hamas conta com o apoio — e, em muitos sentidos, com a admiração — de inúmeros palestinos seculares pelo vigor com que enfrenta Israel. De fato, esse embate é a verdadeira questão. Segundo a narrativa oficial, o Hamas é uma organização terrorista por trás de atos vis perpetrados contra um pacífico Estado de Israel que se retirou da Faixa de Gaza. Mas Israel se retirou em prol da paz? A resposta é um sonoro não.

Para melhor entendermos essa questão, precisamos retornar a 18 de abril de 2004, dia seguinte ao assassinato do líder do Hamas, Abdel Aziz al-Rantissi. Naquele dia, Yuval Steinitz, chefe de relações exteriores e do comitê de defesa do Knesset e conselheiro próximo a Benjamin Netanyahu, foi entrevistado por uma rádio israelense. Antes de se tornar político, ele havia lecionado filosofia ocidental na Universidade de Haifa. Steinitz alegava que sua visão de mundo havia sido moldada por Descartes, mas em sua atividade política ele parece ter sido mais influenciado por nacionalistas românticos como Gobineau e Fichte, que destacavam a pureza racial como pré-condição para a excelência nacional*. A tradução dessas noções europeias de superioridade racial para o contexto israelense se tornou evidente assim que o entrevistador perguntou sobre os planos do governo em relação aos líderes palestinos remanescentes. Entrevistador e entrevistado deram risada ao concordarem que essa política deveria envolver o assassinato ou a expulsão de todas as atuais lideranças, ou seja, todos os membros da Autoridade Palestina — cerca de 40 mil pessoas. "Estou muito contente", disse Stenitz, "porque os americanos finalmente tomaram juízo e passaram a apoiar totalmente nossas políticas.**" No mesmo dia, Benny Morris, da Universidade Ben-Gurion, reiterou seu apoio à limpeza étnica dos palestinos, alegando que essa era a melhor forma de resolver o conflito***.

Opiniões antes consideradas, na melhor das hipóteses, marginais — e, na pior, lunáticas — agora estavam no âmago do consenso judeu-israelense, disseminadas por acadêmicos de grande proeminência na televisão, em horário nobre, como verdade absoluta. Em 2004, Israel era uma sociedade paranoica determinada a encerrar o conflito por meio de força e destruição, fossem quais fossem as possíveis vítimas

---

* Pode-se conhecer um pouco de suas ideias em Yuval Steinitz, "How Palestinian Hate Prevents Peace", *New York Times*, 15 de outubro de 2013.
** Reshet Bet, *Israel Broadcast*, 18 de abril de 2004.
*** Benny Morris, *Channel One*, 18 de abril de 2004. Ver também Joel Beinin, "No More Tears: Benny Morris and the Road Back from Liberal Zionism", *MERIP*, 230, primavera de 2004.

ou os custos para a sociedade. Em geral, essa elite contava com o apoio apenas do governo dos EUA e das elites políticas ocidentais, enquanto os observadores mais conscientes do resto do mundo assistiam aos acontecimentos impotentes e pasmados. Israel era como um avião no piloto automático; o percurso já estava planejado e a velocidade, determinada. O destino era a criação de um Grande Israel que incluiria metade da Cisjordânia e uma pequena porção da Faixa de Gaza (chegando assim a quase 90 por cento da Palestina histórica). Um Grande Israel sem a presença palestina, com muros altos separando-a da população nativa, que seria encarcerada em dois imensos campos de prisioneiros: Gaza e o que restasse da Cisjordânia. De acordo com essa visão, os palestinos de Israel poderiam escolher entre se juntar aos milhões de refugiados que definhavam nos campos, ou se sujeitar a um sistema de apartheid, discriminação e abuso.

Naquele mesmo ano, 2004, os estadunidenses supervisionaram o que chamaram de Mapa do Caminho para a paz. Foi uma ideia ridícula proposta pela primeira vez no verão de 2002 pelo presidente Bush, e ainda mais descolada da realidade que o Acordo de Oslo. A ideia era oferecer aos palestinos um plano de recuperação econômica e a redução da presença militar israelense em partes dos territórios ocupados durante cerca de três anos. Depois disso, outra cúpula iria, de alguma forma, encerrar o conflito em definitivo.

Muitos veículos de imprensa ocidentais encararam o Mapa do Caminho e a visão israelense de um Grande Israel (incluindo enclaves palestinos autônomos) como uma única coisa, apresentando-os como único caminho seguro para a paz e a estabilidade. A missão de tornar essa visão uma realidade foi confiada ao Quarteto (também chamado de Quarteto do Oriente Médio, ou, em alguns casos, Quarteto de Madri), estabelecido em 2002 para permitir que ONU, Estados Unidos, Rússia e União Europeia trabalhassem juntos em busca da paz entre Israel e Palestina. O Quarteto, essencialmente um grupo de trabalho composto pelos ministros do exterior dos quatro membros, tornou-se mais ativo em 2007, quando designou Tony Blair como seu emissário especial para o Oriente Médio. Blair alugou toda a nova ala do lendário hotel American Colony em Jerusalém para usar como base. Essa, assim como o salário de Blair, foi uma operação cara que não resultou em nada.

Os porta-vozes do Quarteto adotaram um discurso de paz que incluía referências a uma retirada completa de Israel, o fim dos assentamentos judeus e uma solução de dois Estados. O discurso trouxe esperança a alguns observadores que ainda acreditavam que esse rumo fazia sentido. Na prática, todavia, o Mapa do Caminho, assim como o Acordo de Oslo, permitiu que Israel prosseguisse com seu plano unilateral de criar um Grande Israel. A diferença foi que, dessa vez, o arquiteto era Ariel Sharon, um político muito mais focado e determinado do que Rabin, Peres ou Netanyahu. Ele tirou uma carta da manga, muito surpreendente e que poucos previam: ofereceu a retirada dos assentamentos israelenses da Faixa de Gaza. Sharon lançou essa proposta ao vento em 2003, e então pressionou seus colegas a aderirem, o que acabaram fazendo em um ano e meio. Em 2005, o exército foi enviado para retirar os colonos relutantes à força. O que há por trás dessa decisão?

Um após o outro, os governos israelenses haviam sido muito explícitos quanto ao futuro da Cisjordânia, mas não sabiam muito bem o que fazer com a Faixa de Gaza*. A estratégia para a Cisjordânia era garantir que ela permanecesse sob jurisdição israelense, direta ou indireta. A maioria dos governos posteriores a 1967, incluindo o de Sharon, esperava que essa jurisdição fosse organizada como parte do "processo de paz". Segundo essa visão, a Cisjordânia poderia se tornar um Estado — se permanecesse um bantustão. Era a velha ideia de Yigal Allon e Moshe Dayan em 1967: áreas de densa população palestina deveriam ser controladas desde fora. Mas a situação era diferente quando se tratava da Faixa de Gaza. Sharon havia concordado com a decisão original de governos anteriores, em sua maioria trabalhistas, de enviar colonos para o centro da Faixa de Gaza, assim como apoiara a construção dos assentamentos na Península do Sinai, desmontados mais tarde após o acordo bilateral de paz com o Egito. No século XXI, ele passou a aceitar as visões pragmáticas dos líderes dos partidos Likud e Trabalhista quanto à possibilidade de abrir mão de Gaza para manter a Cisjordânia**.

Antes do processo de Oslo, a presença de colonos judeus na Faixa de Gaza não complicava as coisas. Contudo, com o surgimento da ideia de uma Autoridade Palestina, eles deixaram de ser um recurso para Israel e se tornaram um estorvo. Como resultado, muitos estrategistas políticos israelenses, incluindo aqueles que não aderiram de imediato à ideia de expulsão, passaram a buscar formas de afastar Gaza de sua mente e de seu coração. Isso ficou evidente quando, após a assinatura do Acordo, Gaza foi cercada de

---

* Ilan Pappe, "Revisiting 1967", op. cit..
** Ari Shavit, "PM Aide: Gaza Plan Aims to Freeze the Peace Process", *Haaretz*, 6 de outubro de 2004.

arame farpado e a movimentação de trabalhadores gazenses para Israel e para a Cisjordânia sofreu restrições severas. Do ponto de vista estratégico, nesse novo cenário, era mais fácil controlar Gaza desde fora, mas isso só seria possível sem a presença de colonos judeus lá dentro.

Uma solução era dividir Gaza em uma área judaica, com acesso direto a Israel, e outra palestina. Isso funcionou bem até a deflagração da Segunda Intifada. A estrada que conectava os assentamentos recentes — o bloco Gush Qatif, como eram chamados — era um alvo fácil para a insurreição. A vulnerabilidade dos colonos ficou escancarada. Durante o conflito, as táticas do exército israelense incluíram bombardeios em massa e a destruição de bolsões rebeldes palestinos, o que levou ao massacre de palestinos inocentes no campo de refugiados de Jenin em abril de 2002. Na Faixa de Gaza, devido à presença de colonos judeus, não foi fácil implementar as mesmas táticas. Não é de surpreender, portanto, que um ano após a incursão militar mais brutal na Cisjordânia, a operação "Escudo Defensivo", Sharon tenha estudado a remoção dos colonos de Gaza de modo a facilitar políticas de retaliação. Porém, ao ver-se incapaz de impor seu desejo político a Gaza, ele recorreu, em 2004, ao assassinato de diversos líderes do Hamas. Sharon esperava influenciar o futuro com o assassinato de dois líderes principais, Abdel al--Rantisi e o Xeique Ahmed Yassin (morto em 17 de março de 2004). Mesmo uma fonte sóbria como o *Haaretz* presumiu que, após esses assassinatos, o Hamas perderia sua base de poder na Faixa de Gaza e se limitaria a uma presença ineficaz em Damasco, onde, caso necessário, Israel também poderia atacá-lo. O jornal ficou impressionado com o apoio dos EUA aos assassinatos (embora tanto o jornal como os estadunidenses fossem demonstrar muito menos apoio a essa política dali em diante*).

    Essas mortes ocorreram antes do Hamas vencer as eleições de 2006 e assumir o controle da Faixa de Gaza. Em outras palavras, a política israelense não sabotou o Hamas; pelo contrário, ampliou seu poder e sua popularidade. Sharon queria que a Autoridade Palestina assumisse o controle de Gaza e a tratasse como a Área A na Cisjordânia; mas esse desfecho não se concretizou. Então Sharon precisou escolher uma entre duas formas de lidar com Gaza: livrar-se dos colonos para poder retaliar o Hamas sem correr o risco de ferir cidadãos israelenses, ou sair de vez da região e redirecionar seus esforços à anexação da Cisjordânia ou partes dela. Para garantir que a segunda alternativa fosse compreendida em nível internacional, Sharon orquestrou uma artimanha na qual todos caíram. Quando ele começou a dar sinais de que retiraria colonos de Gaza, o Gush Emunim comparou sua ação ao Holocausto e montou um verdadeiro show televisivo para mostrar os judeus expulsos de suas casas. Parecia haver uma guerra civil em Israel entre aqueles que apoiavam os colonos e a ala mais à esquerda, incluindo enérgicos desafetos de Sharon no passado, que apoiavam seu plano para uma iniciativa de paz**.

    Dentro de Israel esse movimento enfraqueceu — e, em alguns casos, até calou — vozes dissidentes. Sharon alegou que, com a retirada de Gaza e a ascensão do Hamas, não havia por que dar continuidade a ideias grandiosas como o Acordo de Oslo. Ele sugeriu — e Ehud Olmert, que o suce-

---

*   *Haaretz*, 17 de abril de 2004.
** Ilan Pappe, "Revisiting 1967", op. cit..

deu em 2007 em razão de sua doença terminal, concordou — que o *status quo* fosse mantido por ora. Era preciso coibir o Hamas em Gaza, mas não havia pressa para encontrar uma solução para a Cisjordânia. Olmert chamou essa política de unilateralismo: como não haveria nenhuma negociação significativa com os palestinos no futuro próximo, Israel deveria decidir unilateralmente quais partes da Cisjordânia desejava anexar e quais poderiam ser geridas de forma autônoma pela Autoridade Palestina. Havia a percepção entre os estrategistas políticos israelenses de que o Quarteto e a AP aceitariam esse curso de ação na prática, mesmo que se opusessem a ele em suas declarações públicas. Até agora, parece ter dado certo.

Sem uma forte pressão nacional e tendo uma debilitada AP como vizinha, a maioria dos israelenses não achava que a estratégia em relação à Cisjordânia fosse uma questão de grande interesse. Como mostraram as campanhas eleitorais posteriores a 2005, a sociedade judaica tem preferido debater questões socioeconômicas, o papel da religião na sociedade e a guerra contra o Hamas e o Hezbollah. O principal partido de oposição, o Partido Trabalhista, tem apresentado uma visão semelhante à do governo de coalisão, dado que tem participado de forma intermitente do governo desde 2005. Em se tratando da Cisjordânia ou da solução para a questão palestina, a sociedade judaica israelense parecia ter chegado a um consenso. O que cimentou esse sentimento de consenso foi a retirada dos colonos de Gaza pela administração de direita de Sharon. Para aqueles que se consideravam à esquerda do Likud, o movimento de Sharon foi um gesto de paz e uma corajosa confrontação com os colonos. Ele se tornou o herói da esquerda, do centro e da direita moderada, como de Gaulle ao retirar os *pied noir* da Argélia em prol da paz. A reação palestina na Faixa de Gaza e as críticas da AP às políticas israelenses têm sido vistas desde então como prova da inexistência de qualquer parceiro palestino sólido ou confiável para a busca da paz.

À parte alguns bravos jornalistas como Gideon Levy e Amira Hass no *Haaretz*, uns poucos membros do pequeno partido sionista de esquerda Meretz e alguns grupos antissionistas, a sociedade judaica em Israel permaneceu em silêncio, dando a todos os governos, desde 2005, carta branca para adotar qualquer política que lhes pareça adequada em relação aos palestinos. Foi por isso que a ocupação e seus horrores não estavam entre as pautas da onda de protestos que mobilizou meio milhão de israelenses (em uma população de 7 milhões) em 2011. Essa ausência de qualquer discurso ou crítica públicos já havia permitido que Sharon, no último ano do seu mandato, 2005, autorizasse novos assassinatos de palestinos desarmados e sufocasse a sociedade dos territórios ocupados com a imposição de toques de recolher e longos períodos de confinamento. Nas ocasiões em que os palestinos dessas regiões se rebelavam, o governo teve licença para reagir com força e determinação ainda maiores.

Os governos estadunidenses anteriores haviam apoiado as políticas israelenses independentemente de como afetassem ou fossem percebidas pelos palestinos. Esse apoio, contudo, envolvia geralmente negociações e trocas de favores. Mesmo após o início da Segunda Intifada em outubro de 2000, alguns em Washington tentaram distanciar os Estados Unidos da resposta de Israel ao levante. Durante um tempo, os estadunidenses pareciam desconfortáveis com o fato de que diversos palestinos eram mortos todos os dias e um grande número dessas vítimas era de crianças. Também havia algum constrangimento com o emprego de punições coletivas, demolição de casas e prisões sem julgamento por parte de Israel. Mas eles se acostumaram a tudo isso, e quando o consenso entre os judeus israelenses sancionou o ataque à Cisjordânia em abril de 2002 — um episódio de crueldade sem precedentes na vil história da ocupação —, o governo dos EUA só objetou às anexações e assentamentos unilaterais, expressamente proibidos no Mapa do Caminho patrocinado por EUA e União Europeia.

Em 2004, Sharon pediu apoio dos EUA e do Reino Unido para a colonização da Cisjordânia em troca da retirada da Faixa de Gaza, e conseguiu. Seu plano, que em Israel foi visto como um plano de paz consensual, foi rejeitado de início pelos estadunidenses por ser improdutivo (o resto do mundo condenou-o com termos mais veementes). Os israelenses, contudo, esperavam que as semelhanças entre a conduta estadunidense e britânica no Iraque e as políticas israelenses em relação à Palestina levassem a uma mudança de posição dos Estados Unidos. Eles estavam certos. Cabe notar que, até o último momento, Washington hesitou em dar sinal verde para que Sharon se retirasse de Gaza. Em 13 de abril de 2004, uma cena bizarra ocorreu na pista do aeroporto Ben-Gurion. O jato do primeiro-ministro permaneceu estacionado por algumas horas além da hora programada da partida. Dentro dele, Sharon havia se recusado a permitir que o avião decolasse em direção a Washington enquanto os EUA não aprovassem o seu assim chamado novo plano de retirada. O presidente Bush havia apoiado a retirada em si. O que seus conselheiros achavam difícil de digerir era a carta que Sharon havia pedido que Bush assinasse como parte do endosso dos EUA. O documento incluía a promessa de não pressionar Israel no futuro por avanços no processo de paz e de excluir o direito de retorno de quaisquer negociações futuras. Sharon convenceu os auxiliares de Bush de que não conseguiria unir o público israelense em torno do programa de retirada sem o apoio estadunidense*.

No passado, os agentes estadunidenses sempre levaram certo tempo para se sujeitarem à necessidade de consenso dos políticos israelenses. Dessa vez, só levou três horas. Hoje sabemos que havia outro motivo para o sentimento de urgência de Sharon: ele sabia que estava sendo investigado pela polícia por acusações graves de corrupção e precisava persuadir o público israelense a confiar nele diante de um processo judicial futuro. "Quanto maior a investigação, maior a retirada", disse o membro da ala de esquerda do Knesset, Yossi Sarid, referindo-se à ligação entre os problemas de Sharon nos tribunais e seu comprometimento com a retirada**. O governo dos EUA deveria ter levado muito mais tempo do que levou para chegar a uma decisão. Basicamente, o que Sharon pedia ao presidente Bush era que se abstivesse de quase todos os compromissos assumidos pelos Estados Unidos em relação à Palestina. O plano oferecia uma retirada israelense de Gaza e o encerramento de um punhado de assentamentos na região, bem como de diversos outros na Cisjordânia, em troca da anexação da maior parte dos assentamentos da Cisjordânia por Israel. Os estadunidenses também sabiam muito bem como outra peça crucial

---

* Para uma excelente análise escrita no próprio dia, ver Ali Abunimah, "Why All the Fuss About the Bush-Sharon Meeting", *Electronic Intifada*, 14 de abril de 2014.
** Citado em *Yediot Ahronoth*, 22 de abril de 2014.

se encaixava nesse quebra-cabeça. Para Sharon, a anexação dessas parcelas da Cisjordânia que ele cobiçava só poderia ser empreendida com a conclusão do muro que Israel começara a construir em 2003, e que cortava ao meio as porções palestinas da Cisjordânia. Ele não havia previsto a objeção internacional — o muro se tornou o símbolo mais icônico da ocupação, a ponto de a Corte Internacional de Justiça julgar que constituía uma violação aos direitos humanos. O tempo dirá se isso foi ou não um marco significativo*.

Enquanto Sharon esperava em seu jato, Washington decidiu apoiar o esquema que entregava a maior parte da Cisjordânia nas mãos de Israel e relegava todos os refugiados no exílio — e concordou tacitamente com o muro. Sharon escolheu o presidente dos EUA como aliado ideal para seus novos planos. O presidente George W. Bush era muito influenciado pelos sionistas cristãos e talvez até compartilhasse da visão de que a presença dos judeus na Terra Santa era parte do cumprimento de um cenário de juízo final que poderia desencadear a Segunda Vinda de Cristo. Os conselheiros neoconservadores mais seculares de Bush ficaram impressionados com a guerra contra o Hamas, tocada em paralelo às promessas de Israel de paz e expulsão. O aparente sucesso das operações israelenses — sobretudo os assassinatos seletivos em 2004 — seria uma prova terceirizada de que a "guerra ao terror" dos próprios Estados Unidos estava destinada ao sucesso. Na verdade, o "sucesso" de Israel foi uma distorção cínica de fatos concretos. O módico declínio da guerrilha palestina e das atividades terroristas foi obtido

---

* Ver "Legal Consequences of the Construction of a Wall in the Occupied Palestinian Territory", The International Court of Justice (ICJ), disponível em: <icj-cij.org>.

com toques de recolher, fechamentos e o confinamento de mais de 2 milhões de pessoas em casa sem trabalho nem comida durante prolongados períodos de tempo. Mesmo os neoconservadores deveriam ter percebido que essa não era uma solução de longo prazo para a hostilidade e a violência provocadas por uma força de ocupação, fosse no Iraque ou na Palestina.

O plano de Sharon foi aprovado pelos porta-vozes de Bush, que souberam apresentá-lo como um novo passo rumo à paz e utilizá-lo como distração do conflito que se acirrava no Iraque. É provável que seus conselheiros mais éticos também aprovassem a situação, por estarem desesperados para ver algum progresso e persuadirem a si mesmos de que o plano ofereceria uma chance de paz e um futuro melhor. Essas pessoas desaprenderam muito tempo atrás a diferenciar o poder hipnótico das palavras da realidade que elas se propõem a descrever. Contanto que o plano incluísse o termo mágico "retirada", seria visto com bons olhos até mesmo por jornalistas céticos estadunidenses, pelos líderes do Partido Trabalhista israelense (inclinados a se juntarem ao governo Sharon em nome do consenso sagrado) e pelo recém-eleito líder do partido de esquerda israelense Meretz, Yossi Beilin*.

Ao final de 2004, Sharon sabia que não tinha por que temer pressões externas. Os governos de Europa e Estados Unidos não queriam ou não podiam impedir a ocupação e evitar a continuidade da destruição dos palestinos. Os israelenses interessados em participar dos movimentos antiocupação

---

* De início, em março de 2004, Beilin era contra a retirada, mas a partir de julho de 2004 passou a apoiá-la abertamente (entrevista para o *Channel One*, 4 de julho de 2004).

foram superados em número e desmoralizados pelo novo consenso. Não é de surpreender que, por volta desse período, as sociedades civis na Europa e nos Estados Unidos tenham se dado conta da possibilidade de desempenhar um papel central no conflito e se engajaram na ideia do movimento "Boicote, Desinvestimento e Sanções" (BDS). Muitos indivíduos, sindicatos e organizações se comprometeram com um novo esforço público, jurando fazer todo o possível para que os israelenses entendessem que políticas como as de Sharon tinham um preço.

Desde então, do boicote acadêmico às sanções econômicas, todos os meios possíveis foram testados no Ocidente. A mensagem interna também foi clara: seus governos não eram menos responsáveis que Israel pelas tragédias passadas, presentes e futuras do povo palestino. O movimento BDS exigiu uma nova política de confronto à estratégia unilateral de Sharon, não só por razões históricas e morais, mas também de segurança e da própria sobrevivência do Ocidente. Como a violência desde os atentados de 11 de setembro de 2001 nos mostraram de forma dolorosa, o conflito palestino sabotou o tecido multicultural da sociedade ocidental ao levar os mundos muçulmano e estadunidense a um distanciamento cada vez maior e a uma relação digna de pesadelo. Pressionar Israel parecia um pequeno preço a se pagar pela paz global, estabilidade regional e reconciliação na Palestina.

Portanto, a retirada israelense de Gaza não fazia parte de um plano de paz. Segundo a narrativa oficial, foi um gesto de paz que os palestinos ingratos responderam primeiro com a eleição do Hamas, e depois com o lançamento de mísseis contra Israel. Logo, não havia sentido ou juízo em se retirar de nenhum outro território palestino ocupado. Só o que Israel podia fazer era se defender. Além disso, o "trauma" que "quase levou a uma guerra civil" tinha por objetivo persuadir a sociedade israelense de que não valia a pena repetir aquele episódio.

A guerra a Gaza foi uma guerra de autodefesa?

Embora eu tenha escrito um livro (com Noam Chomsky) intitulado *The War on Gaza*, não tenho certeza de que "guerra" seja o termo adequado para descrever o que aconteceu nos vários ataques israelenses à região iniciados em 2006. Na verdade, após o início da operação "Chumbo Fundido", em 2009, optei por chamar a política israelense de genocídio incremental. Hesitei antes de usar esse termo tão carregado, mas não sou capaz de encontrar outro mais adequado para descrever o que aconteceu. Como as respostas que recebi, inclusive de alguns proeminentes ativistas dos direitos humanos, indicaram certo desconforto pela utilização do termo, repensei-o por algum tempo, mas voltei a empregá-lo em tempos recentes com redobrada convicção: é a única maneira apropriada de descrever o que o exército israelense tem feito na Faixa de Gaza desde 2006.

Em 28 de dezembro de 2006, a organização de direitos humanos israelense B'Tselem publicou seu relatório anual de atrocidades nos territórios ocupados. Naquele ano as forças israelenses mataram 660 cidadãos, mais que o triplo do ano anterior, quando cerca de 200 palestinos foram mortos. De acordo com a B'Tselem, em 2006, 141 crianças estavam entre os assassinados. A maioria das mortes ocorreu na Faixa de Gaza, onde as forças israelenses demoliram quase 300 casas e aniquilaram famílias inteiras. Isso significa que, desde 2000, quase 4 mil palestinos foram mortos por forças israelenses, metade deles crianças; mais de 20 mil foram feridos*.

A B'Tselem é uma organização comedida em seus números, e talvez haja ainda mais mortos e feridos. No entanto, a questão aqui não é só a escalada dos assassinatos intencionais, mas também a estratégia por trás desses atos. Durante a década passada, os estrategistas políticos israelenses enfrentaram duas realidades muito diferentes na Cisjordânia e na Faixa de Gaza. Na primeira, estavam mais próximos do que nunca de completar a consolidação de sua fronteira leste. O debate ideológico interno estava encerrado, e o plano principal de anexar metade da Cisjordânia vinha sendo implementado em ritmo acelerado. A última fase atrasou por causa das promessas feitas por Israel, sob os termos do Mapa do Caminho, de não construir nenhum novo assentamento. Mas os estrategistas logo encontraram duas formas de contornar essa suposta proibição. Primeiro, redefiniram um terço da Cisjordânia como parte da Grande Jerusalém, o que lhes permitiu construir vilarejos e centros comunitários dentro da nova área anexada. Depois, expandiram tanto seus antigos assentamentos que já não havia necessidade de construir outros.

Somados, assentamentos, bases militares, estradas e muro deixaram Israel em posição de anexar quase metade da Cisjordânia tão logo achasse necessário. Dentro desses territórios havia um número considerável de palestinos, e as autoridades israelenses continuariam a implementar políticas de transferência lentas e insidiosas para lidar com eles.

---

* Ver estatísticas de mortes no site da B'Tselem (btselem.org).

O assunto era tedioso demais para atrair atenção da mídia ocidental, e vago demais para gerar um posicionamento das organizações de direitos humanos. Os israelenses não tinham por que ter pressa. Eles estavam em vantagem: o abuso e a desumanização diários exercidos pelo duplo mecanismo do exército e da burocracia continuavam contribuindo para o processo de expropriação com a mesma eficiência de sempre.

O pensamento estratégico de Sharon foi aceito por todos os que se uniram ao seu último governo, e também por seu sucessor Ehud Olmert. Sharon até deixou o Likud e fundou um partido de centro, o Kadima, que refletia esse consenso em suas políticas para os territórios ocupados*. Por outro lado, nem Sharon, nem nenhum de seus sucessores foi capaz de fornecer uma estratégia clara de Israel vis-à-vis a Faixa de Gaza. Aos olhos dos israelenses, Gaza é uma entidade geopolítica muito diferente da Cisjordânia. Ela permanece nas mãos do Hamas, enquanto a Autoridade Palestina parece administrar a fragmentada Cisjordânia com a bênção de Israel e Estados Unidos. Não há nenhum punhado de terra na Faixa de Gaza cobiçado por Israel, e não há nenhuma região interiorana, como a Jordânia, para onde repelir os palestinos. Neste caso, a limpeza étnica é uma solução ineficaz.

A primeira estratégia adotada em Gaza foi a criação de guetos para os palestinos, mas isso não estava dando certo. A comunidade sitiada expressava seu desejo de viver, lançando mísseis contra Israel. No geral, os ataques contra essa comunidade foram se tornando mais horrendos e bárbaros com o passar do tempo. Em 12 de setembro de 2005, as for-

---

* Leslie Susser, "The Rise and Fall of the Kadima Party", *Jerusalem Post*, 8 de agosto de 2012.

ças israelenses deixaram a Faixa de Gaza. Simultaneamente, o exército israelense invadiu a localidade de Tul-Karim, realizou prisões em massa (sobretudo de ativistas da Jihad Islâmica, aliada do Hamas) e matou uns poucos moradores. A organização lançou nove mísseis que não mataram ninguém. Israel respondeu com a operação "Primeira Chuva*". Vale a pena discutir por um momento a natureza dessa operação. Inspirada pelas medidas punitivas adotadas antes por potências coloniais (e, mais tarde, por ditaduras) contra comunidades rebeldes aprisionadas ou expulsas, a "Primeira Chuva" começou com o sobrevoo de jatos supersônicos a Gaza para aterrorizar toda a população. Seguiu-se o bombardeio de vastas porções de mar, céu e terra. A lógica, explicaram os porta-vozes do exército israelense, era gerar pressão para enfraquecer o apoio da comunidade aos lançadores de mísseis**. Como todos — inclusive os israelenses — deveriam esperar, a operação apenas ampliou o apoio aos combatentes e deu fôlego renovado à sua próxima ofensiva. O real propósito dessa operação era experimental. Os generais israelenses queriam saber como uma operação dessas seria recebida nos âmbitos doméstico, regional e internacional. Quando a reação internacional se mostrou muito tímida e de curta duração, eles ficaram satisfeitos com o resultado.

Desde a "Primeira Chuva", todas as operações subsequentes seguiram um padrão similar. A diferença foi de proporção: mais poder de fogo, mais mortes, mais danos colaterais e, como esperado, mais mísseis Qassam em res-

---

* John Dugard, *Report of the Special Rapporteur on the Situation of the Human Rights in the Palestinian Territories Occupied by Israel since 1967*, Comissão da ONU para os Direitos Humanos, Gênova, 3 de março de 2005.
** Ver análise de Roni Sofer no *Maariv*, 27 de setembro de 2005.

posta. Uma nova camada foi adicionada ao conflito em 2006, quando os israelenses empregaram meios mais sinistros para impor um cerco à população de Gaza: boicotes e bloqueios. A captura de Gilad Shalit, soldado das FDI, em junho de 2006 não alterou o equilíbrio de poder entre o Hamas e Israel, mas serviu de oportunidade para que os israelenses prosseguissem com suas missões táticas e pretensamente punitivas. Afinal de contas, não havia outra estratégia senão continuar com o ciclo interminável de ações punitivas.

Os israelenses também continuaram dando nomes absurdos, ou mesmo sinistros, às suas operações. A "Primeira Chuva" foi sucedida por "Chuvas de Verão", nome dado às operações punitivas iniciadas em junho de 2006. As "Chuvas de Verão" agregaram um novo componente: a invasão por terra de partes da Faixa de Gaza. Isso permitiu ao exército matar cidadãos de forma ainda mais eficaz e justificar esses atos como consequência da luta pesada dentro de áreas muito populosas; isso é, como resultado inevitável das circunstâncias, e não das políticas israelenses. Com o fim do verão veio a operação "Nuvens de Outono", ainda mais eficiente: em 1º de novembro de 2006, setenta civis foram assassinados em menos de quarenta e oito horas. Ao final daquele mês, quase 200 haviam sido mortos, metade deles mulheres e crianças. Parte dessa atividade correu em paralelo aos ataques israelenses ao Líbano, desviando dessas operações a atenção — e as críticas — do exterior.

Da "Primeira Chuva" às "Nuvens de Outono", é possível observar o agravamento de todos os fatores. Em primeiro lugar, desapareceu a distinção entre alvos "civis" e "não civis": a matança sem sentido fez da população em geral o alvo principal da operação. Em segundo, houve uma escalada no emprego de todas as máquinas mortíferas de que o exército israelense dispunha. Em terceiro, houve um aumento conspícuo do saldo de mortes. Por fim, e mais importante, as operações foram gradualmente se cristalizando em uma estratégia, indicando o caminho escolhido por Israel para tentar resolver o problema da Faixa de Gaza no futuro: a adoção de uma política genocida dimensionada. O povo de Gaza, contudo, continuou a resistir. Isso provocou novas operações genocidas dos israelenses que, no entanto, não conseguiram reocupar a região até hoje.

Em 2008, as operações "Verão" e "Outono" foram sucedidas pela operação "Inverno Quente". Como previsto, as novas rodadas de ataques deixaram ainda mais civis mortos — mais de cem só na Faixa de Gaza, que foi invadida e bombardeada de novo por ar, terra e mar. Pelo menos, dessa vez a comunidade internacional pareceu prestar atenção. União Europeia e ONU condenaram o "uso desproporcional da força" por Israel e acusaram o país de violar leis internacionais; a crítica estadunidense foi "equilibrada". No entanto, isso bastou para o cessar-fogo, mais um entre tantos, mais tarde violado por um novo ataque israelense[*]. O Hamas desejava prolongar o cessar-fogo e autorizou essa estratégia em termos religiosos, chamando-a de *tahadiah* — que significa "calmaria" em árabe, e ideologicamente descreve um período muito longo de paz. A organização também conseguiu convencer a maioria das facções a pararem de lançar mísseis contra Israel. O próprio Mark Regev, porta-voz do governo israelense, admitiu isso[**].

---

[*] Anne Penketh, "US and Arab States Clash at the UN Security Council", *Independent*, 3 de março de 2008.
[**] David Morrison, "The Israel-Hamas Ceasefire", *Sadaka*, 2ª edição, março de 2010, disponível em: <web.archive.org>.

Israel poderia ter garantido o sucesso do cessar-fogo aliviando o cerco. Na prática, isso significaria aumentar a quantidade de bens autorizados a entrar em Gaza e flexibilizar a saída e entrada de pessoas. Mas Israel não cumpriu com suas promessas quanto a isso. Oficiais israelenses foram muito francos quando disseram aos seus homólogos nos EUA que o plano era manter a economia de Gaza "à beira do colapso*". Havia uma correlação direta entre a intensidade do cerco e o número de mísseis lançados contra Israel, como o diagrama abaixo, elaborado pelo Carter Peace Center, ilustra muito bem.

Importação de bens para Gaza / Mísseis e morteiros disparados de Gaza

Fonte: The Carter Center, "Gaza Timeline Analysis: Movement and Fatalities", 2009

---

* "WikiLeaks: Israel Aimed to Keep Gaza Economy on the Brink of Collapse", *Reuters*, 5 de janeiro de 2011.

Israel rompeu o cessar-fogo em 4 de novembro de 2008 sob o pretexto de ter descoberto um túnel escavado pelo Hamas — planejado, segundo Israel, para outra operação de sequestro. O Hamas havia construído túneis para fora do gueto de Gaza por onde entrava comida, saíam pessoas e, de modo geral, como parte de sua estratégia de resistência. Usar um túnel como pretexto para violar o cessar-fogo seria equivalente ao Hamas decidir violá-lo porque Israel tem bases militares perto da fronteira. Os oficiais do Hamas alegaram que o túnel em questão havia sido construído para fins de defesa. Nos casos em que o propósito era outro, eles jamais deixaram de se vangloriar, então é bem possível que fosse verdade. O Sadaka, grupo irlandês de solidariedade a Palestina, publicou um relatório muito detalhado compilando as evidências de que os oficiais israelenses sabiam que o túnel não representava nenhum perigo. O governo só precisava de um pretexto para tentar outra vez destruir o Hamas[*].

O Hamas reagiu ao ataque israelense com uma saraivada de mísseis que não feriu nem matou ninguém. Israel interrompeu seus ataques por um breve período, exigindo que o Hamas concordasse com um cessar-fogo sob suas condições. A recusa do Hamas levou à conhecida operação "Chumbo Fundido" no final de 2008 (agora os nomes haviam se tornado ainda mais sinistros). Dessa vez, o bombardeio preliminar foi sem precedentes — lembrou muitos dos bombardeios maciços perpetrados no Iraque em 2003. O alvo principal foi a infraestrutura civil. Nada escapou: hospitais, escolas e mesquitas foram atingidos e destruídos. O Hamas respondeu lançando mísseis contra cidades is-

---

[*] David Morrison, "The Israel-Hamas Ceasefire", op. cit..

raelenses jamais alvejadas antes, como Beersheba e Ashdod. Alguns civis morreram, mas a maioria dos israelenses assassinados (treze, ao todo) foram soldados vítima de fogo amigo. Em um dramático contraste, 1.500 palestinos perderam a vida durante a operação*.

Uma nova camada de cinismo foi então adicionada: doadores árabes e estrangeiros prometeram ajudas na casa dos bilhões para reconstruir o que Israel voltaria a destruir no futuro. Mesmo o pior dos desastres pode ser lucrativo.

O próximo round veio em 2012 com duas operações: "Eco de retorno", menor que os ataques anteriores, e "Pilar de Defesa", mais significativo, em julho de 2012, que encerrou os movimentos sociais de protesto daquele verão, com potencial para derrubar o governo em face do fracasso de suas políticas econômica e social. Nada como uma guerra ao sul para convencer os jovens israelenses a pararem de protestar e sairem em defesa da pátria. Já havia funcionado antes, e funcionou dessa vez.

Em 2012, o Hamas atingiu Tel Aviv pela primeira vez — com mísseis que causaram poucos danos e nenhuma morte. No meio tempo, com a característica discrepância, 200 palestinos foram mortos, incluindo dezenas de crianças. Não foi um ano ruim para Israel. Os exaustos governos da União Europeia e dos EUA nem sequer condenaram os ataques de 2012; na verdade, evocaram diversas vezes o "direito de Israel de se defender". Não é de surpreender que dois anos mais tarde os israelenses tenham entendido que podiam ir ainda mais longe. A operação "Margem Protetora", do verão de 2014, vinha sen-

---

* Ver o relatório do B'Tselem, "Fatalities during Operation Cast Lead", disponível em: <btselem.org>.

do planejada havia dois anos; o sequestro e a morte de três colonos na Cisjordânia deram o pretexto para sua execução, durante a qual 2.200 palestinos foram mortos. Israel ficou paralisado por um tempo, pois os mísseis do Hamas chegaram a atingir até mesmo o aeroporto Ben-Gurion.

Pela primeira vez, o exército israelense lutou cara a cara com as guerrilhas palestinas na Faixa de Gaza, e perdeu sessenta e seis soldados no processo. Nessa batalha entre palestinos desesperados, encurralados contra a parede e enfurecidos após um cerco longo e cruel e o exército israelense, o primeiro saiu vitorioso. Era como se uma força policial adentrasse uma prisão de segurança máxima até então controlada de fora, apenas para se deparar com o desespero e a determinação de prisioneiros sistematicamente privados de ar e comida. É assustador pensar nas conclusões operacionais que Israel deve ter tirado desse confronto com bravos combatentes do Hamas.

Com a guerra na Síria e a decorrente crise de refugiados, a comunidade internacional demonstrou pouca reação ou interesse em Gaza. Mas tudo parece indicar uma nova rodada de ataques contra a população de Gaza. A ONU estimou que, no atual ritmo de destruição, Gaza terá se tornado inabitável em 2020. Isso será resultado não só do uso da força militar, mas também do que a ONU chama de "de-desenvolvimento" — um processo de reversão do desenvolvimento:

> Três operações militares israelenses nos últimos seis anos, somadas a oito anos de bloqueio econômico, devastaram a já debilitada infraestrutura de Gaza, destroçaram sua base produtiva e não deixaram tempo para a reconstrução ou recuperação econômica, empobrecendo a população palestina

em Gaza e reduzindo seu bem-estar econômico a níveis inferiores ao de duas décadas atrás*.

Essa sentença de morte se tornou ainda mais provável com o golpe militar no Egito. O novo regime do país fechou a única abertura de Gaza para fora de Israel. Desde 2010, organizações da sociedade civil enviavam flotilhas para demonstrar solidariedade e romper o cerco. Uma delas foi violentamente atacada por comandados israelenses, que mataram nove passageiros a bordo do *Mavi Marmara* e prenderam os demais. Outras flotilhas receberam melhor tratamento. No entanto, o prospecto de 2020 segue o mesmo, e parece que para evitar uma condenação à morte lenta, o povo de Gaza vai precisar mais do que flotilhas pacíficas para persuadir os israelenses a cederem.

---

* "Gaza Could Become Uninhabitable in Less Than Five Years Due to Ongoing 'De-development'", *UN News Centre*, 1º de setembro de 2015, disponível em: <un.org>.

PARTE III
OLHANDO PARA O FUTURO

10
A solução de dois Estados é o único caminho a seguir

Esse mito tão difundido costuma ser proferido em um tom de voz decidido, que afirma existir uma solução para o conflito israelo-palestino logo ali, virando a esquina. No entanto, a realidade atual e a colonização de vastas porções da Cisjordânia por Israel tornam qualquer solução de dois Estados bastante improvável. Na melhor das hipóteses, o máximo que se pode esperar é um bantustão palestino. Mas tal arranjo político criaria um Estado sem soberania de fato, dividido em diversos cantões e sem meios para se proteger ou prosperar à revelia de Israel. Nem mesmo a expectativa de uma entidade mais independente (caso houvesse uma mudança milagrosa dos planos de Israel) faz da solução de dois Estados um ato final do conflito. É impensável que uma luta nacional de libertação, hoje com quase 150 anos, possa ter fim com uma governância autônoma condicionada sobre 20 por cento das terras apenas. Além disso, nenhum documento ou acordo diplomático jamais poderia definir quem faz e quem não faz parte do acordo. Por exemplo, seria impossível declarar que os habitantes da Cisjordânia são palestinos, mas os da Faixa de Gaza não. Essa é a atual situação, pois tanto a Faixa de Gaza como diversas partes de

Jerusalém parecem ter sido excluídas das negociações e não integrariam o Estado previsto.

A solução de dois Estados, como apontado antes, é uma invenção israelense que buscava a quadratura do círculo. Ela responde à questão de como manter a Cisjordânia sob controle israelense sem incorporar sua população. Assim, sugeriu-se que parte da Cisjordânia fosse autônoma, um quase-Estado. Em troca, os palestinos precisariam abdicar de qualquer pauta ligada ao retorno dos refugiados, a direitos igualitários para palestinos em Israel, ao futuro de Jerusalém ou à esperança de levar uma vida humana normal em sua pátria.

Qualquer crítica a esse mito costuma ser tachada de antissemitismo. Todavia, em muitos sentidos é justamente o oposto: há uma conexão entre o novo antissemitismo e o mito em si. A solução de dois Estados se baseia na ideia de que um Estado judeu é a melhor solução para o Problema Judeu; ou seja, os judeus deveriam morar na Palestina, e em nenhum outro lugar. Essa noção também encontra eco no coração dos antissemitas. A solução de dois Estados se baseia, ainda que indiretamente, na ideia de que Israel e o judaísmo são a mesma coisa. Sendo assim, Israel insiste em dizer que tudo o que faz é em nome do judaísmo; portanto, quando alguém ao redor do mundo critica suas ações, estaria criticando não só Israel, mas também o judaísmo. O líder do Partido Trabalhista britânico, Jeremy Corbyn, atraiu muitas críticas quando explicou, ao meu ver corretamente, que culpar o judaísmo pelas políticas de Netanyahu era como culpar o Islã pelas ações do Estado Islâmico. É uma comparação válida, muito embora tenha mexido com a sensibilidade de algumas pessoas*.

---

* Daniel Clinton, "Jeremy Corbyn Appears to Compare Supporters of Israel with ISIS at Release of Anti-Semitism Report", *Jerusalem Post*, 30 de junho de 2016.

A solução de dois Estados é como um cadáver retirado de tempos em tempos do necrotério, vestido com roupas bonitas e apresentado como ente vivo. Quando se prova mais uma vez que não há mais vida ali dentro, ele é devolvido ao necrotério. No futuro, a única coisa que poderia mudar é a aceitação da Palestina como membro pleno das Nações Unidas. Ao mesmo tempo, também poderíamos ver a tomada definitiva da Área C (cerca de 60 por cento da Cisjordânia) por Israel. A tensão entre as duas coisas — o ato simbólico no Conselho de Segurança da ONU e a realidade prática — pode ser mais do que a comunidade internacional está disposta a aguentar. Talvez o melhor cenário imaginável seja que essas circunstâncias levem todos de volta à prancheta para pensar uma nova solução para o conflito a partir do zero.

O impasse logo terá um fim, pacífico ou violento, e de qualquer forma doloroso. Ao que tudo indica, nada impedirá Israel de concluir a colonização da Cisjordânia e dar prosseguimento ao cerco de Gaza. Isso pode ocorrer com a bênção da comunidade internacional, mas parece haver um número suficiente de políticos israelenses dispostos a seguir em frente mesmo sem essa bênção. Seja como for, Israel precisará usar a força bruta para implementar a sua visão de uma "solução": anexar metade da Cisjordânia, confinar a outra metade e também a Faixa de Gaza em guetos e impor um regime de apartheid a seus próprios cidadãos palestinos. Esse cenário torna qualquer discurso em prol de uma solução de dois Estados irrelevante e obsoleto.

Em tempos antigos, os mortos eram enterrados com os pertences e artefatos de sua preferência. Esse funeral vindouro provavelmente contará com um ritual semelhante. O item mais importante a ser enterrado sob sete palmos é o dicionário de ilusões e decepções e seus famosos verbetes, como "processo de paz", "única democracia do Oriente Médio", "nação amante da paz", "paridade e reciprocidade" e "solução humanitária para o problema dos refugiados". Um dicionário alternativo vem sendo desenvolvido há muitos anos, redefinindo o sionismo como colonialismo, Israel como um Estado de apartheid e a Nakba como limpeza étnica. Será muito mais fácil colocá-lo em circulação assim que a solução de dois Estados tiver sua morte decretada*.

Os mapas dessa finada solução também estarão ao lado do corpo. A cartografia que reduziu a Palestina a um décimo de seu território histórico, apresentada como um mapa de paz, desaparecerá — com sorte para sempre. Não há necessidade de traçar um mapa alternativo. Desde 1967, a geografia concreta do conflito jamais mudou, mesmo quando transformada o tempo todo nos discursos de políticos, jornalistas e acadêmicos liberais sionistas. A Palestina sempre foi a terra entre o rio e o mar. Ainda é. A guinada em seu destino se deve não à geografia, mas à demografia. O movimento colonizador que começou ali no final do século XIX corresponde hoje à metade da população e controla a outra metade a partir de uma matriz de ideologia racista e políticas de apartheid. A paz não é uma questão de mudança demográfica nem de se redesenhar novos mapas: ela é a eliminação dessas políticas e ideologias. Pode ser que este seja o melhor momento para isso.

O funeral vai expor a falácia dos imensos movimentos de protesto vistos em Israel em 2012 e, ao mesmo tempo,

---

* Sobre o dicionário, ver Noam Chomsky e Ilan Pappe, *On Palestine*, Londres: Penguin, 2016.

destacar seu potencial positivo. Durante sete semanas daquele verão, os judeus israelenses de classe média protestaram em grandes números contra as políticas econômica e social de seu governo. Para garantir que os protestos fossem os maiores possíveis, seus líderes e coordenadores não ousaram mencionar ocupação, colonização ou apartheid. A fonte de todos os males, diziam, eram as brutais políticas capitalistas do governo. Em certo sentido, eles tinham razão. Essas políticas impediam a raça dominante de Israel de desfrutar plena e igualitariamente dos frutos do estupro e da expropriação dos palestinos. No entanto, uma divisão mais justa dos espólios não garantiria uma vida normal nem para os judeus, nem para os palestinos; isso só ocorreria com o fim dos saques e das pilhagens. Ademais, os manifestantes também demonstraram ceticismo e desconfiança em relação ao que sua mídia e seus políticos lhes dizem sobre a realidade socioeconômica; isso pode abrir caminho para a melhor compreensão das mentiras acerca do "conflito" e da sua "segurança nacional" com as quais foram alimentados durante tantos anos.

O funeral deveria estimular todos nós a retomar a distribuição de trabalho anterior. É mais urgente do que nunca que os palestinos resolvam o problema da representatividade. E as forças judaicas progressistas do mundo todo precisam ser recrutadas com maior intensidade para as campanhas do BDS e de solidariedade. Na própria Palestina, chegou a hora de converter o discurso de solução de um Estado em ação política, e quem sabe adotar o novo dicionário. Como a expropriação está por toda parte, a reintegração de posse e a reconciliação devem ocorrer por toda parte. Se quisermos reestruturar as relações entre judeus e palestinos de forma justa e democrática, não podemos aceitar nem o antigo e defunto mapa da solução de dois Estados, nem sua lógica de partição. Isso também implica enterrar de vez a sagrada distinção entre os assentamentos judeus em Israel (antes de 1967) e aqueles na Cisjordânia (após 1967). Ao invés disso, deveria ser feita uma distinção entre os judeus que estão dispostos a debater uma reformulação dessa relação, uma mudança de regime e um status igualitário, e aqueles que não estão, independentemente de onde vivam hoje.

A esse respeito, é possível encontrar alguns fenômenos surpreendentes ao se estudar o tecido humano e político de Israel-Palestina de hoje: o desejo de estabelecer diálogo às vezes é mais evidente para além da linha verde do que dentro de seus limites. Os diálogos internos sobre uma mudança de regime, a questão da representatividade e a campanha do BDS são todos elementos e facetas de um mesmo esforço de levar paz e justiça à Palestina. Assim que a solução de dois Estados for enterrada, um dos principais obstáculos para a paz justa entre Israel e Palestina terá sido removido.

CONCLUSÃO

O Estado israelense de colonização de povoamento no século XXI

Em 2017, a ocupação israelense na Cisjordânia e na Faixa de Gaza completou cinquenta anos. Após um período tão longo, o termo "ocupação" se torna um tanto redundante e irrelevante. Duas gerações de palestinos já viveram sob esse regime. Embora eles mesmos ainda chamem de ocupação, o que vivenciam tem suas raízes em outra coisa, muito mais difícil de derrotar ou mudar — o colonialismo. Como observei nos primeiros capítulos, não é fácil empregar o termo colonialismo para falar do presente — na maioria das vezes, ele costuma ser associado a eventos passados. É por isso que, com a ajuda de pesquisas recentes e estimulantes, os acadêmicos que escrevem sobre Israel costumam adotar outro termo: colonização de povoamento.

O colonialismo pode ser descrito como o movimento de europeus para diferentes partes do mundo, criando novas nações "brancas" onde antes povos nativos possuíam seu próprio reino. Essas nações só podiam ser criadas se os colonizadores empregassem duas lógicas: a da eliminação (livrar-se dos nativos por todos os meios possíveis, inclusive o genocídio) e a da desumanização (considerar os não europeus inferiores e, portanto, indignos dos mesmos direitos que os colonizadores). Na África do Sul, essa lógica dupla levou à criação do sistema de apartheid, fundado oficialmente em 1948, mesmo ano em que o movimento sionista traduziu as mesmas lógicas em uma operação de limpeza étnica na Palestina.

A partir de uma perspectiva de colonização de povoamento, como este livro tenta mostrar, eventos como a ocupação da Cisjordânia e da Faixa de Gaza, o Processo de Oslo e a retirada de Gaza em 2005 integram todos uma mesma estratégia israelense: abocanhar a maior parte possível da Palestina com o menor número possível de palestinos nela. Os meios para alcançar esse objetivo mudaram ao longo do tempo, e a meta segue inconclusa. No entanto, é o principal combustível a alimentar a chama do conflito.

Desse modo, a terrível conexão entre as lógicas da desumanização e da eliminação, tão visíveis na difusão da colonização de povoamento europeu ao redor do mundo, configurou-se pela primeira vez nos Estados autoritários do Oriente Médio. Ela se manifestou de forma implacável, dentre outros exemplos, na destruição dos curdos por Saddam Hussein e também nos atos punitivos executados pelo regime Assad em 2012. A prática também foi explorada na mesma época pelos grupos que se opunham a esse regime, sendo as políticas genocidas do Estado Islâmico o exemplo mais cruel.

A barbarização das relações humanas no Oriente Médio só pode ser detida pelas populações da própria região. Contudo, elas precisam de auxílio externo. Com essa aliança, a região poderia retornar a um passado não tão distante em que o seu princípio norteador era "viver e deixar viver". Nenhuma discussão séria sobre o fim dos abusos aos direitos humanos na região pode ocorrer sem que antes se discutam os quase cem anos de violações de direitos humanos na

Palestina. Ambos estão intimamente ligados. A excepcionalidade de que o Estado de Israel goza hoje, e da qual gozou o movimento sionista antes dele, torna ridículas as críticas ocidentais às violações de direitos humanos no mundo árabe. Qualquer discussão sobre a violação de direitos humanos dos palestinos deve incluir o entendimento do desfecho inevitável de projetos de colonização por povoamento como o sionismo. Os colonos judeus hoje são parte orgânica e integral do território; não podem ser — e não serão — removidos. Eles devem fazer parte do futuro, mas não com base na opressão e expropriação constantes dos palestinos locais.

Desperdiçamos anos falando sobre a solução de dois Estados como se ela tivesse qualquer relevância para a questão descrita acima. Mas precisamos desse tempo para persuadir tanto os judeus israelenses como o mundo em geral de que um Estado — mesmo que tenha uma cultura próspera, uma indústria bem-sucedida de alta tecnologia e um grande poderio militar — fundado a partir da expropriação de outro povo sempre terá sua legitimidade moral questionada. Limitar a questão da legitimidade apenas aos territórios que Israel ocupou em 1967 jamais resolverá o aspecto central do problema. Claro que ajudaria se Israel se retirasse da Cisjordânia, mas existe a possibilidade de que o Estado simplesmente monitore a região da mesma forma como vem policiando a Faixa de Gaza desde 2006. Isso não precipitará o fim do conflito, apenas o transformará em um conflito de outro tipo.

Para ser genuína, qualquer resolução precisa abordar questões históricas profundas. Após a Segunda Guerra, permitiu-se que o sionismo virasse um projeto colonialista numa época em que o colonialismo vinha sendo rejeitado pelo mundo civilizado, apenas porque a criação de um Estado judeu proporcionaria à Europa, e especialmente à Alemanha Ocidental, uma saída fácil para os piores excessos de antissemitismo jamais vistos. Israel foi a primeira nação a reconhecer a "nova Alemanha" — em troca, recebeu muito dinheiro, mas também, muito mais importante, uma carta branca para converter toda a Palestina em Israel. O próprio sionismo se apresentou como solução para o antissemitismo, mas se tornou a principal razão de sua persistência. A "transação" também fracassou em extirpar o racismo e a xenofobia que se encontram até hoje no âmago da Europa, responsável pelo nazismo dentro do continente e por um colonialismo brutal fora dele. Esse racismo e essa xenofobia agora se voltam contra o Islã e os muçulmanos, e como estão intimamente ligados à questão israelo-palestina, poderão ser apaziguados quando houver uma solução genuína para essa questão.

Todos merecemos um final melhor para a história do Holocausto. Esse final poderia incluir uma forte Alemanha multicultural, indicando o caminho para o resto da Europa; uma sociedade estadunidense que enfrentasse com coragem os crimes raciais de seu passado, cujos ecos ressoam até hoje; um mundo árabe que expunja sua barbárie e desumanidade...

Nada desse tipo ocorrerá enquanto continuarmos caindo na armadilha de tratar mito como verdade. A Palestina não estava vazia, e o povo judeu tinha pátrias; a Palestina foi colonizada, não "salva"; sua população foi expulsa em 1948, não saiu por vontade própria. Povos colonizados, mesmo sob a cartilha da ONU, têm o direito de lutar por sua libertação, até mesmo com um exército, e o desfecho desejável para um embate desse tipo consiste na criação de um Estado democrático que contemple todos os seus habitantes. Tenho a esperança de que uma discussão sobre o futuro, livre desses dez mitos, poderá não só ajudar a levar paz para Israel e Palestina, mas também auxiliar a Europa a encontrar um fim adequado para os horrores da Segunda Guerra e a sombria era do colonialismo.

Linha do Tempo

1881 Ondas de *pogroms* russos duram até 1884. O movimento sionista surge na Europa.
1882 Primeira Aliyah (1882–1904). Fundação de Rishon LeZion, Zichron Yaakov e Rosh Pina na Palestina.
1897 Primeiro Congresso Sionista em Basel. Estabelecimento do Congresso Sionista Mundial.
1898 Segundo Congresso Sionista.
1899 Terceiro Congresso Sionista.
1901 Fundação do Fundo Nacional Judeu (FNJ).
1904 Segunda Aliyah (1904–14).
1908 Estabelecido o Gabinete da Palestina (em 1929 ele se tornou a Agência Judaica).
1909 Degania, o primeiro *kibutz* (Kvutzat Degania), é fundado. Construção de Tel Aviv. O Hashomer é fundado.
1915 Correspondência Hussein-McMahon.
1916 Acordo Sykes-Picot.
1917 Declaração Balfour. A Grã-Bretanha ocupa a Palestina e passa a governá-la por meio de uma gestão militar (até 1920).
1920 Fundação do Haganah. O Histadrut é fundado. A Conferência de San Remo garante à Grã-Bretanha o Mandato sobre a Palestina.
1922 Grã-Bretanha reconhece a Transjordânia como entidade política autônoma e Amir Abdullah como seu governante. O Congresso dos EUA endossa a Declaração Balfour.

1923 O Mandato Britânico sobre a Palestina e a Transjordânia é autorizado pela primeira Liga das Nações e, mais tarde, pelo Tratado de Lausanne.
1931 O Irgun se separa do Haganah.
1936 Irrupção da Revolta Árabe, que duraria até 1939.
1937 Comissão Real Peel.
1940 "Lehi" (bando de Stern) se dissocia do Irgun. Início do Projeto Arquivos dos Vilarejos.
1946 Comissão Anglo-Estadunidense de Inquérito.
1947 Grã-Bretanha anuncia o fim do Mandato e transfere a questão da Palestina para a ONU. A ONU constitui um comitê especial, UNSCOP, que sugere a partição. A ideia é aprovada pela Assembleia Geral das Nações Unidas (Resolução 181).
1948 Limpeza étnica da Palestina: o Mandato Britânico chega ao fim, o Estado de Israel é declarado e reconhecido por Estados Unidos e URSS. Israel entra em guerra com tropas que adentram a Palestina vindas de países árabes vizinhos enquanto conclui a expulsão de metade da população palestina, demolindo todos os seus vilarejos e esvaziando e destruindo onze de suas doze cidades.
1949 Resolução 194 da Assembleia Geral da ONU (reivindicando o retorno dos refugiados palestinos). Acordos de armistício entre Israel, Egito, Jordânia e Líbano. Impõe-se aos cidadãos palestinos restantes dentro de Israel um regime militar que vigorará até 1966.
1950 Começa a imigração de judeus de países árabes.
1956 Israel se une a França e Grã-Bretanha em uma guerra contra Nasser do Egito, ocupando a Península do Sinai e a Faixa de Gaza. Massacre de Kafr Qasim.
1959 Levantes de Wadi Salib (levantes Mizrahi em Haifa protestando contra a discriminação).

1963 Fim da era Ben-Gurion.

1967 Guerra de Junho: Israel ocupa o Sinai e a Faixa de Gaza, as Colinas de Golã, Jerusalém Oriental e a Cisjordânia. Resolução 242 do Conselho de Segurança da ONU convoca Israel a se retirar de todos os territórios ocupados. Tem início o projeto de assentamentos israelenses na Cisjordânia e em Gaza.

1973 Guerra de Outubro: Israel ocupa parte do Egito propriamente dito e mantém o controle das Colinas de Golã após um conflito sangrento que pegou o Estado de surpresa.

1974 Resolução 338 do Conselho de Segurança da ONU reafirma os direitos dos palestinos à autodeterminação e à independência nacional.

1976 Protestos do Dia da Terra dos palestinos de Israel contra a judeificação da Galileia.

1977 Sob liderança de Menachem Begin, o Likud vence as eleições nacionais após 30 anos de governo dos trabalhistas. Anwar Sadat, presidente do Egito, visita Jerusalém e inicia conversas bilaterais com Israel.

1978 Tratado de Paz assinado entre Israel e Egito. Ataque da OLP em Tel Aviv revidado com a operação "Litani" — Israel ocupa a porção sul do Líbano.

1981 Anexação das Colinas de Golã por Israel.

1982 Sinai devolvido ao Egito. Operação "Paz para a Galileia", em que Israel invade o Líbano em uma tentativa de destruir a OLP.

1987 Primeira Intifada Palestina.

1989 Fim da URSS e migração em massa de judeus e não judeus do bloco oriental para Israel.

1991 Primeira Guerra do Golfo. Os EUA convocam conferências internacionais sobre a Palestina em Madri.

1992 Os trabalhistas retornam ao poder e Yitzhak Rabin se torna primeiro-ministro pela segunda vez.

1993 OLP e Israel assinam a Declaração de Princípios de Oslo na Casa Branca.

1994 Autoridade Nacional Palestina é formada e Yasser Arafat, chefe da OLP, vai aos territórios ocupados para se tornar presidente da ANP. Israel e Jordânia assinam um tratado de paz.

1995 Oslo II assinado (acordo temporário para que os palestinos controlem partes da Cisjordânia e da Faixa de Gaza). Yitzhak Rabin é assassinado.

1996 Likud retorna ao poder e o primeiro governo Benjamin Netanyahu é formado.

1999 O trabalhista Ehud Barak é eleito primeiro-ministro.

2000 Israel se retira do sul do Líbano. Irrompe a Segunda Intifada.

2001 Ariel Sharon, líder do Likud, eleito primeiro-ministro. Mais tarde ele formaria seu próprio partido (Kadima) e venceria as eleições de 2005.

2002 Aprovado projeto do Muro de Separação; a construção começa em 2003.

2005 Sharon reeleito. O movimento "Boicote, Desinvestimento e Sanções" (BDS) é lançado. Israel evacua seus assentamentos e bases militares em Gaza.

2006 O Hamas vence as eleições para o segundo Conselho Legislativo Palestino (CLP). Israel, o Quarteto do Oriente Médio (Estados Unidos, Rússia, Nações Unidas e União Europeia), diversos estados ocidentais e Estados árabes impõem sanções à Autoridade Palestina, suspendendo toda ajuda externa. Começa o cerco em Gaza. Segunda Guerra do Líbano e ataque israelense na Faixa de Gaza. Ehud Olmert eleito primeiro-ministro (em fevereiro de 2016, Olmert começou a cumprir uma sentença de dezenove meses de prisão por suborno e obstrução da justiça).

2008 Guerra a Gaza – operação "Chumbo Fundido". A ONU e organizações de direitos humanos contabilizaram mais de 1.400 palestinos mortos, dos quais 926 eram civis desarmados. Três civis e seis soldados israelenses foram mortos.

2009 Segundo governo Netanyahu (até 2013).

2011 Protestos sociais em todo Israel (Movimento das Barracas).

2012 Operação "Pilar de Defesa". Quatro civis e dois soldados israelenses foram mortos por ataques de mísseis palestinos. Segundo a ONU, foram mortos ao todo 174 palestinos, 107 deles civis.

2013 Terceiro governo Netanyahu (até 2015).

2014 Operação "Margem Protetora". Segundo as principais estimativas, entre 2.125 e 2.310 gazenses foram mortos (1.492 civis, incluindo 551 crianças e 299 mulheres), e entre 10.626 e 10.895 foram feridos (incluindo 3.374 crianças, das quais mais de mil ficaram com sequelas permanentes). Sessenta e seis soldados e cinco civis (incluindo uma criança) israelenses, além de um civil tailandês foram mortos, e 469 soldados das FDI e 251 civis israelenses foram feridos. Israel destruiu cerca de 17 mil casas e danificou ou destruiu parcialmente outras 30 mil.

2015 Quarto governo Netanyahu.

Agradeço ao meu amigo Marcelo Svirsky por compilar essa linha do tempo.

Título original
Ten Myths About Israel

© Ilan Pappe, 2017

Primeira edição publicada originalmente em inglês, em 2017, pela Verso (Nova York e Londres).

Edição Laura Di Pietro
Revisão Juliana Bitelli e Gabrielly Alice da Silva
Revisão terminológica Arlene Clemesha e Salem H. Nasser
Capa e projeto gráfico Marcelo Pereira | Tecnopop
Diagramação Valquíria Palma

Este livro atende às normas do Novo Acordo Ortográfico em vigor desde janeiro de 2009.

Dados internacionais de Catalogação na Publicação (CIP)

P218d

    Pappe, Ilan, 1954-
        Dez mitos sobre Israel / Ilan Pappe ; tradutor: Bruno Cobalchini Mattos.   Rio de Janeiro : Tabla, 2022
        256 p. ; 21 cm.

        Tradução de: Ten Myths About Israel.

        ISBN 978-65-86824-30-8

        1. Palestina – História. 2. Palestinos – Israel – História. 3. Conflito Árabe-israelense. 4. Israel – Política e governo. I. Mattos, Bruno Cobalchini II. Título.

CDD 956.94

Roberta Maria de O. V. da Costa – Bibliotecária CRB-7 5587

[2022]
Todos os direitos desta edição reservados à
Editora Roça Nova Ltda
+55 21 997860747
editora@editoratabla.com.br
www.editoratabla.com.br

ão

i composto em Scala,
por Martin Majoor em 1990,
papel Avena 80g/m2
ograf em outubro de 2025.